Melody 的幸福 3 元素

閉嘴、
放空、
微笑。

Shut up,
tune out,
Smile.

CONTENTS

那個
十年前的
小女孩

by
王偉忠

我認識 Melody 是因為幾年前我執導的喜劇《住左邊住右邊》當時需要找一個漂亮會演喜劇的女孩。Melody 很可愛，長得又漂亮，看起來傻傻的，但戲演得非常稱職！最近我們又要演一個喜劇《我家是戰國》，Melody 在裡面飾演一個媽媽的角色。

看著她從《住左邊住右邊》到《我家是戰國》，從一個小女孩到結婚生子。整整十年的時間，一直看她生活得很快樂，儼如一個快樂的貴婦！

我記得幾年前 Melody 演《住左邊住右邊》的時候，她請她經紀人跟我說請我千萬不要罵她，因為她的國語不是很好，很怕忘詞會被我罵。後來她還是有點忘詞，我記得 Melody 忘詞的時候臉上都有個特別的表情，看到那個表情，讓我都不太好意思罵她了！

現在想起來，她那個表情就是「閉嘴，放空，微笑」！

完美的髮型
以及
完美的婚姻

by
Alex 艾力克斯 *& Jackie* 李詠嫻

在 Melody 深具感染力的笑聲、迷人的傻氣、超高幽默感與完美的髮型背後，有著一位鮮明性格的女人，她忠心耿耿，充滿智慧，而且髮型完美！

若友情是一門大學的學科，Melody 應該就是博士了。在我們認識的人之中，極少人可以同時穿梭於眾多朋友之中，卻都能交情匪淺。關於友情恆久遠這件事，Melody 實在是我們的楷模啊！

關於感情的習題，我們和你同樣好奇。我們認識私底下的 Melody 和她的老公 H 很多年了，他雖然不是公眾人物，卻是非常優秀的丈夫。他們維繫這段感情的動力是什麼？他怎麼抓得住精力充沛的名人老婆？更重要的是，他們在感情關係中如何互動？她又如何讓他先生保持理智，卻讓我們為她的言行瘋狂？想像一下，她可以在用餐的杯盤交錯時，每分鐘針對十二個不同話題侃侃而談五百字，同時梳理她完美的頭髮再順手一甩。她的秘訣是什麼？

身兼演員、作家、電台 DJ、主持人多重角色時，她又如何讓小孩開心、老公快樂，不僅打理好一個家，還是個全心守護的媽咪？她顯然非常成功地辦到了，看她的小孩多得人疼，她老公多麼專一又快樂（除了他逃難去打網球的時候），她的朋友多麼愛她。

H 在公開場合時心甘情願地扮演「Mr. Melody Liu」，只要跟他們夫婦相處一段時間，你就知道他們天生一對，並且極力維持愛情與友情之間的完美和諧。

他是 Melody 完美的互補，而 Melody 是他最好的繆斯。他們的友情、他們的愛，讓我們的生活更精彩；他們對彼此的尊重，也讓我們很羨慕。

有太多事情可以從他們身上學習了，我們也很想看見他們私藏的幸福元素，那必然如寶石一般閃閃發亮。

Happy reading!

Behind Melody's contagious laughter, adorable silliness, hilarious sense of humor, and perfect hair lies a woman with strong character, undying loyalty, high intellect, and PERFECT hair! If friendship was a field of study in college, Melody would have a PhD. There are very few people we have met who can juggle so many friends yet have such deep relationships with each and every one of them. Much can be learned from her on how to build these bonds of eternal friendship.

When it comes to love relationships however, we are just as curious as you. We have known Melody and her mysterious behind-the-scene, non-celebrity, ordinary but yet so extraordinary husband H for so many years now. What are the dynamics of the relationship and how does her husband handle such a high octane celebrity wife? Most importantly, how is that relationship reciprocated? How does she keep her husband sane when she drives us insane while she spews out 500 words per minute soliloquies on 12 different subjects between dishes at dinner all while brushing and tossing that perfect hair? What's her secret? How does she keep her children laughing and her husband happy all while being an actress, author, DJ, MC, host and most importantly a dedicated mother of two? She is obviously very successful, her children adorable, her husband loyal and happy (other than when he runs off to play tennis as a refuge), and her friends love her. H is very quiet as he embraces the role of Mr. Melody Liu in public, but once you spend time with them, you realize they are truly a match made in heaven as they both strive to achieve that perfect harmony between love and friendship. He is her perfect complement and she, his perfect muse. They have enriched our lives with their friendship and their love and respect for each other is something we both admire.

Much can be learned from them and we look forward to their hidden gems on how to achieve happiness.

Happy reading!

CHAPTER 1

別 忘 了
我 們 也 不 完 美

什麼 ?!
我是*Gone Girl* ?

有一天上談話性節目時，曾脫口而出說，我覺得婚姻生活相處
之道就是──閉嘴、放空、微笑。

適時的安靜，有些吵架時的難聽話不要掛在心上，好好放空
就好，有時給予鼓勵的微笑，是最好的溝通方法。當時主持人
曾國城（城哥）聽了一愣笑說，的確，好像是這樣沒錯。下節
目時，經紀人兼我的好夥伴雨薇也說這哏滿有趣的。收到鼓勵
的我，後來有次上小燕姐節目時，也提出了這想法，小燕姐也
同樣點頭說，婚姻生活的確如此。

被兩位我向來覺得很懂得經營婚姻生活的主持前輩認同鼓勵
後，我開始想這十年來婚姻的歷程。在開始出第一本書講我的
求子經驗之前，很多人覺得我就是個天之驕女小公主，也以為
我是茶來伸手、飯來張口的貴婦。的確，我不否認自己是個幸
運兒，每次立定目標，不管多辛苦都可以達成。不管是求子過
程，還是育兒點滴，通常最終總往著我計劃的方向走。我有著
幸福的家庭、疼我的老公、兩個可愛的女兒，現在孩子稍微長

大了，又可以重新投入工作，在工作上好好努力表現，獲得不同的成就感。

在許多人看來，我的生活應該是 perfect 吧！或許是如此，但也必須誠實地說，這樣的 perfect，背後是有許多努力跟辛苦的。在這完美的生活中，私下的我不單是大家在電視節目上所看到那個迷糊快樂，有時有點膽小又傻傻的⋯⋯我必須承認自己是個控制狂，因為求好心切，總是想要什麼都安排得好好的。因為力求完美，所以總希望維持著最棒的一面給大家看。希望大家覺得我優雅、冷靜、甜美⋯⋯

當我在寫這本書，開始剖析過往那段的我時，還被工作人員笑說：「妳根本就是電影《控制 Gone Girl》裡那個『神奇的愛咪』啊！」
當時我聽了好驚訝，因為，我想到看完這部電影的那天，我先生 H 開車回家路上跟我隨口聊天，卻怎麼都不討論這部電影，直

到快到家時，他才突然問我說：「欸，妳沒有寫日記的習慣吧！」

他這話把我搞得哭笑不得，笑死我了！我有這麼可怕嗎？我哪有這麼變態，我明明很冷靜把很多事情都規畫得很好。Olivia跟Fiona很小就很獨立不會過度依賴爸爸媽咪，不會亂吃零食，懂得規矩。我們的夫妻生活也很恩愛，不定時有date night，還有很多機會跟姐妹淘們出去吃吃喝喝，好好談心……

不對……再冷靜想想這個畫面，oh my God，我是愛咪沒有錯，因為我就是強迫人生往我這方向走啊……不過會有這樣負面的情緒，是想到幾年前，我曾跟我的妹妹吵架鬧不愉快。在第一本書時我就曾提到，我們家有四個小孩，我們總是吵吵鬧鬧感情很好，但這次不是普通的不愉快，是心中有疙瘩，於是我開始檢視我的人生，想知道我為人處事怎麼了。

我去上一些心靈成長課，試圖發覺我人生的黑暗面，想要去了

解我的內在小孩。頓時我明白很多事情不能強求，有時候放鬆不代表不在乎。我不能永遠要求完美，我必須接受人真正的樣子。就像我偶爾也是會吵吵鬧鬧歇斯底里（當然現在比生小孩前好多了）、也很在意別人的看法，以前甚至在意到為了怕我那個性直率的先生說錯話，老是在聚會時緊張兮兮……

但在這將近十年的婚姻過程裡，我從很多已婚朋友身上學了很多相處之道，當然也聽了很多條件很好的單身女性朋友，在尋找伴侶時遇到的困難，去思考自己是否也犯過同樣的錯，或者是，哪裡不同，而讓現在有著不同的人生。

要摩羯座女生不當控制狂真是件很難很難的事，但現在的我，發現少了這麼點「控制」生活真的會愉快很多。也因為這樣，我才常說「閉嘴、放空、微笑」是件很重要的事，而這件事，是從 H 那觀察來的祕訣，因為他實在太懂得如何搞定瘋狂時期的我啦！

但我想，這不是因為他多偉大，或者我多棒，而是因為我們接受真正的彼此。H 接受因為求好心切所以神經質的我，而我也接受了他在工作上超級認真，但私底下是講話太過直白讓人好氣好笑的大頑童。

也因為這樣，才有了這本書的誕生。Ladies，希望我們永遠能在真性情跟完美中找到平衡點。這是我正在努力的方向，也是我想跟妳們分享的 girls talk，讓我們藉由這本書一起去分享尋找讓自己幸福的秘訣。

至於那天先生問我有沒有寫日記後，我怎麼回他呢？生氣、不說話，還是大哭？
都不是，我笑著跟他說：「拜託，我不會殺人好嗎？！」
我想，現在的我，真的輕鬆很多了啊！

老公
可不可以不要再那麼直白了……

之前常有人問我為什麼會挑中 H，認識他的時候我才二十八歲，當時身邊也有些追求者，這些追求者條件都不錯，也很積極的製造一些羅曼蒂克的驚喜、還是甜蜜漂亮的排場……這種所謂的「瘋狂式追求」，統統沒有少，但我選擇了最不浪漫，也不會說甜言蜜語的他。

的確，他不會設計什麼 surprise，更不會天花亂墜的捧我讚美我，好像我是哪來的仙女，但他說什麼、就是什麼，也不會因為我的藝人身分覺得我哪裡不同，就把我當個愛撒嬌的普通女生看待，就是這一點打動了我，讓我相信，他是一個有肩膀，靠得住的男人！

而結果呢？我想我選對了，他的確是一個負責任的好先生、好男人、好爸爸。雖然偶爾我也會有些小小抱怨，覺得他不夠浪漫，可是我也很清楚，我們畢竟已經結婚了，能夠好好過日子，比什麼花前月下更重要。

但人們不是常說，婚前的優點，往往變成婚後的缺點。當時讓我著迷的直言與誠實，婚後卻演變成白目……

H究竟白目到什麼程度呢？讓我隨便舉幾個例子吧！比如說有次我們在餐廳見到了老朋友，因為許久不見，他有一點認不得對方，對方開玩笑的說：「我沒有老到讓你認不出來吧！」結果他居然回：「沒有老到認不出來，只是有一點白頭髮！」還有一次，是我婆婆到歐洲去玩，打電話回來跟他聊天，聊著聊著，婆婆問起我說想要跟我聊聊，我當時因為工作剛回家有點累，在一旁拚命搖手示意，而H居然就非常誠實的跟婆婆說：「Mel現在不想跟妳講話」！

那當下，我真的氣到頭頂冒煙都可以煎蛋了！我跟他說：「你怎麼可以跟媽媽說我不想跟她講話？」而他居然還理直氣壯的回我：「不然我要說謊嗎？」我當然知道先生不是這個意思，他是因為自己還有其他事情要忙，又不好意思掛婆婆的電話，

所以才這樣說。而先生他們家講話都是這麼直接，H 也常直接就這樣跟他媽媽說「我現在不想跟妳講話」或者是「我累了改天再說」，但即便是一家人，我怎麼樣都是媳婦，要我這樣跟婆婆講話，我真的辦不到啊，光用想的就覺得很沒禮貌、很失禮，可 H 卻讓我活生生地經歷這一切！

但跟自家人就算了，他連在外面，諸如此類的事情也層出不窮，更尷尬的是，只要越叮嚀他，他越會出包，不知道是他獅子座的性格故意作弄我，還是應證莫非定律就是無所不在。

誠實當然很好，可是在很多社交的場合，當他一次又一次講出「實話」讓場面變尷尬的時候，我真想對他大吼：「這是社交，不是小學在選模範生，沒有人叫你整天 be honest，OK ？」

因為他就是一個這麼說話不經大腦的人、也因為我就是一個要求完美的摩羯座，所以，我老是緊張兮兮的怕他講錯話、隨時

stand by 處於戰鬥模式、準備幫他打圓場。甚至，每次要和朋友見面吃飯之前，就開始對他耳提面命，等等什麼話該講、什麼話絕對不能說、要微笑打招呼，甚至有時候在感覺他要說錯話之前就會打斷他的話。可是，這樣像個老媽子似的碎碎念、緊迫盯人，不僅我自己又緊繃又累，他當然也不高興，叮嚀他時，總會不高興的回：「拜託這些還要妳教嗎？妳以為我在商場上跟人家談生意是談假的……」然後就臭著一張臉，更抗拒著融入大家，讓氣氛更尷尬。久而久之還變成我們婚姻生活裡的小疙瘩，每次出門前，還沒好好放鬆享受這一天，壓力就開始襲來。

為此，我又困擾又生氣，還忍不住跟我媽抱怨，原以為媽媽會幫女兒的，沒想到我媽卻說是我要求太嚴格了，還反問我：「當初嫁給他時，妳難道不知道他是這樣一個人嗎？」我猛然驚覺，對呀，當初我不是把他的真誠視為最大優點、甚至在戀愛的當下，還覺得明明是成年人的他、卻能那麼有話直說的赤子之心

很可愛嗎？那就是他的本性，也是我自己的選擇，我怎麼能夠想去改變他呢？當我身分轉換為妻子時，我竟不懂得欣賞他的那個「與眾不同優點」竟不可愛的挑三揀四了起來。

我開始努力回想他「直白」所帶來的可愛……但……已經結婚十年了，要想起來真的很難啊！

既然改變不了，於是我就只好想辦法適應了。我很阿Q的告訴自己，well，他說的也沒錯，如今他有成功的事業、有一群好朋友，要是他真的那麼不懂得人際相處，怎麼可能擁有這些？而朋友們聚會就是大家舒舒服服的聚在一起，我又何必要求他拿出職場上的謹慎來面對這些，不能讓他好好放鬆？

於是有次朋友約了吃飯，我半打趣、半揶揄地跟朋友介紹他說：「這是我們家的小王子，王子殿下願不願意跟大家一起聊天講話，要看他的心情的，我也沒辦法～」那天我只是抱著姑且一試的心情，沒想到被我找到解套的方法！我們家的獅子座

很喜歡我用捧他的方法開玩笑，覺得這樣既有面子也有台階下，而我也才慢慢發現，當我事先提醒大家，H 就是一個講話很直白的人，大多數的人也都能在他說錯話時幽默以對，事情根本沒有我想的那麼嚴重跟尷尬，之前我根本是自己嚇自己！

直到現在，他還是常常講出那種讓我白眼都翻到後腦勺的話，前陣子我跟姐妹們去義大利旅行，他跟姐妹們的幾位老公聚在一起 BBQ 看球賽，當時我還特別提醒他說，其中有位朋友家裡出了點私事，千萬不要提，讓人家不舒服。他口口聲聲跟我說好，拍胸脯保證沒問題，結果聚會當天不到三十分鐘，我就接到他的訊息說：「我剛剛沒認出那個人，所以……」

當時正在跟姐妹們喝下午茶的我看了大笑，跟姐妹們說：「我就知道他會這樣。」姐妹們在一旁也笑翻了，甚至還有人先提醒了自己的老公要幫忙打圓場。

而當我改用這樣的態度來看待先生的「白目」時，他不但會比之前更願意跟我求援，我反而比之前更注意應對，白目次數也減少不少（好啦，其實還是很多……）

可是在這過程中，我慢慢學會放鬆自己，用幽默的角度看待，優缺點本來就是一體兩面，直爽的他，為生活增添了笑料，也始終如一的真誠。或許他不是個面面俱到的人，但相對的我永遠不用太去猜測他想什麼。我們的互補，反而讓朋友們覺得兩人更有趣。

你的另一半，是否也把他的優點變成缺點了呢？ Take it easy，有時候不是他變了，是我們換了個角度去看，那麼，試著調整一點點舒服的空間，微笑看待這一切。你會發現，可以看得更寬廣，他的那點不完美，正是更顯得你可愛的地方啊！

我就是愛吵架怎樣嘛！

我要懺悔，其實我有不吵架就不舒爽的病（是說這本書到底要透露我多少尷尬的小秘密？！）婚前，我總認為吵架不吵個過癮，就沒有「愛」的感覺，我曾經跟先生吵到想跳車，或是整整盧了一整天，或者好幾天！

更丟臉的是，記得剛生完老大時，有次我們還在月子中心大吵。當時 H 為了要陪我待產有重要的會議一直延後，所以我一生完他就真的非走不可，直到月子快做完才回來。回來那天我真的很想跟他撒撒嬌，說我很辛苦，沒想到他只回來看了我幾眼，就回家放行李休息，當時我心想，出差會有生小孩累嗎？你對自己第一個 baby 這麼冷漠，對辛苦懷孕生產成功的老婆那麼不體貼，我也太委屈了怎麼會嫁給你這種人啊？！（簡直是產後憂鬱大爆發的極致）

當晚我跟他就在月子中心不顧一切的大吵，月子中心隔音其實沒想像中那麼好，當晚的聲嘶力竭都進了工作人員的耳裡了

吧，可當時我哪想這麼多，直到隔天看見護士那關愛的眼神跟語氣提醒了一句「妳昨晚有沒有聽到 baby 哭聲，這裡隔音沒這麼好」，我才覺得糗。只能說，還好當年狗仔文化沒現在盛行，不然不知道是不是更沒有冷靜跟溝通的機會，還要被報得滿城風雨。

現在婚姻生活邁入第十年，我當然也不是當年覺得愛就是要用「吵」證明的小女孩，而 H，現在也完全進入父親的身分，只要有空也是多陪陪孩子，跟她們玩，關心著我們，甚至，有時候我工作太忙碌或者太過投入工作中，他還會提醒我不要因為啟動工作狂模式，就忘了他們呢！在這十年生活中，我們都磨合了不少，只是，怎麼會有夫妻不吵架呢？

前陣子，我才跟他大吵一架……
說來好笑，吵起來是為了十分芝麻綠豆大的事（但想想婚姻生活，誰不是為了瑣事吵起來？）。

H 有個習慣，那就是他的手機、iPad 充電器，是永遠插在插座上，不拔下來的！而那個插座，就臨近床頭，也就是說，我們整晚都得睡在充滿輻射的空間裡。而那天，一走進房間，看到小孩躺在床上，插頭就離孩子的頭不到三十公分，我突然超級生氣，頓時什麼討厭的念頭都浮起，想到每次勸他放到書房去充電，他總說這樣比較方便，想到他說會改但還是不改，想著：「你不怕癌症但小孩們怎麼辦？！」越想我越生氣，一把扯起插頭，打開窗戶，就往外頭扔了出去！

H 驚叫著：「妳做什麼？那插頭是原廠的！」而早已氣瘋的我則回：「我管你是不是原廠的！我講過幾百遍了，插頭不拔會有輻射……」是的，我像個瘋婦一樣不停的碎碎念，但他都不予理會，用他最擅長的「閉嘴、放空」對付我！直到兩人都出門上班，我還傳了好幾頁的 WhatsApp 不停罵他，可是……他偏偏就不回！就因為他不回，我就更生氣，什麼我恨你、你討厭死了都罵出來了，但他還是一點都沒有回應，你們能理解

吵不起來的架有多氣嗎？那種感覺就像熱感冒發不出來一樣難過啊！

也許他是希望我冷靜，可你知道女人有時候氣起來就是想要被安撫，況且現在我又不像以前那樣發狂跟他吵好久，狂鬧個好幾天，想要隨時感覺被重視。因為現在我們有了小孩，彼此工作又很忙碌，那樣不顧一切的大鬧，變得就很微不足道。

但那天，我其實還挺起勁的，有種重返「小姐時期」的狠勁。既然這樣，為何會停戰呢？說來也好笑，就是我進廣播錄音室的時間到了，等我錄完，也沒力氣再吵了（所以說女人有工作真的很重要，可以讓妳有其他事情做，而不會整天鑽牛角尖）。而H，又在我工作後傳了封訊息給我說：「我們都是一家人，沒必要這樣傷害對方，對吧！」他的話讓我冷靜下來，再來就是當時是報稅季節，當冷靜下來後，還有排山倒海的家事要處理啊！

吵架有時是單方面的情緒抒發，並不見得能解決問題。尤其是衝動的兩個人，當下只顧著氣，根本忘記問題的核心。可有時候，吵架又是必需的壓力釋放，畢竟言語會影響感情，可婚姻就是這個樣子的，外人看來是小題大作的小事，其實都會引爆你日積月累的「明明是小事，但他根本沒有心去做」的委屈和懊惱。

那樣的委屈也許是因為生活壓力導致神經緊張，也許就是情緒需要出口，有太多理由會造成這樣的困擾。我們當然知道理智才能解決問題，但當線斷掉時，就是無法控制，只是，漸漸學得讓那情緒保險絲斷掉的時間減少。有時想想，那是否是因為為母則強而進化呢？還是愛情的炙熱漸漸淡化，所以我們才不爭吵了？但後來想想，事情似乎又不是這樣。

我們這久違的吵架事件是這樣收尾的——
那天晚上 H 下班回家，我看了他一眼、他也看了我一眼，我們

挺有默契的都裝作沒事了。討論完報稅的事情後，我提議說：
「不如我們一起去國父紀念館走走吧！」

很少被允許在睡覺時間出門的孩子們都樂瘋了！在國父紀念
館，她們又跑又跳，不斷說著「爸爸你看，有 star」「媽咪，
妳看，有花，紅色的」……就在那時，我發現我與先生的手不
自覺的已經緊緊牽在一起，他的眼睛裡閃著幸福的光芒，我相
信我的眼睛裡一定也是，即使兩人都沒有說話，但我知道我們
心裡想的是一樣的，就是：這兩個寶貝是我們人生最大的幸福
和成就，我們能夠擁有這一切，真是太美好了，為了維持這份
幸福，我們彼此，都願意付出所有的努力和代價！

炎熱的愛情的確會改變，那些瘋狂地跳車大吵也會不復見，
偶爾，我也會心想「Where is my 轟轟烈烈？！」但那些轟轟烈
烈，不就在這有星星的晚上，化成了兩個小天使在我的身邊。

H 也許不會再被我那好久好久才出現的一次的瘋狂打亂情緒（或者是他有，但他貫徹他的「閉嘴、放空」論）但他會適時的提醒我他愛我，把我拉回冷靜的理智線。

所以親愛的老公，雖然不知道是何時，但下次我還是會發脾氣的；不過，謝謝你總是用理智把我拉回來，但可不可以，請你記得要拔插頭線呢？（微笑）

柔性的冷靜思考空間

我覺得吵架最可怕的不是生活瑣事的小吵，因為那些都是可以調整讓步，最令人不安的是小孩的教育問題，尤其是對我這個喜歡按部就班的人來說。

我其實個性很急，事情只要沒照計劃走，就會很焦慮，所以兩者加在一起時，更是加倍可怕。譬如剛結婚時，就有跟先生討論到小孩未來的教育問題。

因為我沒有在台灣念過書，對於台灣的教育制度完全沒有概念，所以有一段時間，我對小孩該念什麼學校、受什麼教育是非常緊張的，那時我焦慮到，還沒有懷孕，就開始在看學校，看了一大堆，公立的、私立的、雙語的……那窮緊張神經質的樣子，現在想來都覺得好笑。

不過做爸爸媽媽的當然都希望給孩子好的學習環境，所以即便只是未雨綢繆，H 一開始也很支持我，陪我一起到處看學校。可是當我越來越投入這件事，態度也越來越堅決，開始會用「我

一定不要這樣這樣」「我一定要那樣那樣」這種口吻說話時，我發現他開始不高興了，天曉得那時離孩子出生還很遠，還有一條漫長又辛苦的路，可我們卻經常為了孩子的教育問題大吵特吵！

你們可以想像那樣的沮喪有多恐懼嗎？小孩還沒生都已經這樣了！那未來怎麼辦？但小孩的教育是一輩子的事，不是以前談戀愛吵吵鬧鬧覺得不對勁就可以閃人。

有一天我真的覺得這樣不行，都還沒懷孕，兩個人就為了孩子要念什麼學校吵成這樣，實在太荒謬了，我們小時候哪有這麼多問題？兩個人在完全不同的家庭裡成長，還不是充滿了許多愛跟能量，孕育了我們？於是我跟 H 說：「算了，我不管了，以前我們還不是家裡附近是哪個學校就念哪個學校，不是一樣長大了？」從那天開始，我停止再跟他討論孩子的教育問題，我們不再為了這個事情吵架。然後我懷孕、生了 baby 之後，過

了好久，有一天他自己跑來跟我說：「我覺得孩子以後應該要念……」，而他說的話，和我之前做的計劃，幾乎一模一樣！

柔性的冷靜思考空間，有時真的是最好的溝通秘訣；而讓男人尊重妳意見的最好方法，不是去拚命 push 他，是讓他去思考妳的話，去認同妳的需求。這是我當時上到最好的一課。

吵架時，無論男女，往往都覺得對方不好溝通。很多女人會覺得男人沒法溝通，很多男人會覺得女人有時不可理喻，可是我們其實是可以被改變的；很多女人也不是都這麼瘋狂要全盤控制大權，前提是彼此要掌握住方法，而且最重要的是，不能急，要有耐性。

以我為例來說好了，像我這樣習慣按部就班的人善於全面性思考（或者說複雜思考）；因為天生容易擔憂，所以培養出強大的計劃能力。

很多時候，男人根本都還沒開始「想」，這樣的女人就已經計劃好一切，還有 plan a、plan b……那些計劃都很好很棒，可是妳要給男人時間追上妳的腳步，如果他跟不上，妳就 push 他、跟他發脾氣，不給對方任何空間思考，一個勁的命令他說「你應該要這樣」「你必須要那樣」「你為什麼搞不懂重點在哪」的話，事情肯定只會更糟糕。

多數人都討厭被控制，無論男女都是如此，更何況如果你是想得比較快的那個人，若讓對方覺得怎麼我還沒拿到投票權，你就逼我要做決定，就會渾身不對勁而心生不滿。這時事情就已經偏離了理性思考的本質。有時為了找回獨立思考的「自由」，他們甚至會開始跟你唱反調，不管計劃再完美，對他們來說都沒有用，因為他們沒辦法接受直接被下決定。而在現在社會裡，多數男人都是如此，特別是工作能力很強的人，在我身邊就聽過很多這樣的案例。

回到我跟 H 這個故事好了，他是個工作能力很強的人，他看事情的角度跟我往往不大一樣。譬如我問他我最近的節目好看嗎？他可能注意到的不是我的造型、我與主持夥伴的互動，他會用行銷跟生意人的角度來看，這主題包裝怎麼樣，廣告時間所下的廣告跟族群適不適合。

相信很多女生如果遇到 H 這反應，應該很想對他大吼說：「我要聽的不是這個！」但這就證明男人跟女人的觀察跟思考角度不同。可如果這樣吼了，也許先生就不會再跟我們說他的想法跟意見不是嗎？

可我跟先生正是因為看法不同，才能互相激盪出不同的火花，去思考得更全面。但心急時誰會想到這道理呢？彼此就拗了起來，完全沒有任何彈性思考空間。

所以，當你真的很看重一件事，覺得這必須要好好討論思考時，別急著吵鬧，這不是一般的情緒震盪抒壓，那是要理性

面對的事，這時先給對方一個緩衝的空間吧！

我知道，有時候給了「彈性思考」空間，如果到最後對方想的跟你一開始所規劃，而他反對的一模一樣時，你內心一定很想大喊「I told you」，但換個方向想，至少這短暫的冷靜時刻，讓他有空間去思考你是對的，並且圓滿解決，這時，也沒什麼好計較爭論的，不是嗎？

尋找自己的專屬幸福

常常有人問我一個問題，那就是：「Melody，妳和妳老公看起來好幸福噢～能不能告訴我，要怎麼挑一個好先生啊？」

每次被問到這樣的問題，我都會思考好久好久，卻不知道要怎麼回答，因為我太明白女人渴望幸福的心情了！我也經歷過那個對未來徬徨的年紀、也經歷過失戀而對愛情失望、甚至害怕自己永遠得不到幸福的恐懼，真的有好多好多心得，想和大家分享。

可是，怎麼挑一個好先生這個問題，實在是太難回答了，因為每個人在不同的年齡、不同的階段，需要的東西是不同的！就像我在十幾二十歲的時候，曾經以為一個能帶給我幸福的男人，就是寵我、愛我、什麼都聽我的，每次我發脾氣他都要先低頭，把我當公主一樣捧在手心上，可是現在的我如果真的跟一個這樣的男人在一起，我想我應該覺得很無聊吧！因為現階段的我，比年輕的我更了解自己了，我發現，自己其實不如外

表看起來那麼有自信，在遇到挫折或困難時，其實很容易慌了手腳，像我先生這樣個性堅定、有主張的人，雖然不會說好聽的話哄我，但每次都能在我脆弱時給我支撐和力量，讓我有勇氣和力氣繼續往前走。

那麼，「個性堅定有主張的男人」就是幸福的門票了嗎？也不見得，因為每一個人適合的、需要的，又不一樣。

比方說我有一個朋友的先生，幾乎像是我年輕時期望會遇到的那種好男人一樣，他把太太當成小公主般捧在手心上，太太生日，他替太太辦一個超盛大的 party，還請了太太喜歡的明星來表演；太太出國玩，他絕對讓太太舒舒服服的坐商務艙，不用跟別人擠。

可是事情總是一體兩面的，我們如果只挑自己想看的部分看，那麼永遠都只會覺得別人過得比你好。這位先生對太太很好，

可是對孩子卻很嚴格到有點專制的地步，什麼時候該寫功課、什麼時候該上床睡覺，應該補什麼習、學什麼才藝，都安排得好好的，甚至很清楚得告訴老婆他的目標就是要培養出哈佛碩士畢業的高材生！除此之外，更要求孩子們在體能鍛鍊上也要磨練自己的心智，必須每週末都去騎腳踏車、晨泳，而且是全家一起行動，風雨無阻。有時候我打給這位朋友，她一句「我正在陪孩子做功課」就得把電話掛掉，因為她先生認為孩子在學習時應該要專心一致、絕對不能受任何打擾。至於運動時間也是，要全家人一起慢跑十五公里，晨泳兩小時。所以這位別人眼中養尊處優，被呵護得極好的太太，其實精神壓力也很大，因為先生對她管教小孩的要求非常高、非常嚴苛，這樣的全面性的嚴苛教育理念她覺得 OK，但如果換成是我，我可能不能接受。

又比方說，我是一個很需要一點自己的空間的人，我想要有自己的朋友、自己的時間、偶爾和朋友出去小酌一杯、或者出國

走走，如果沒有這一些，讓我的生活 take a breath，我想我一定會瘋掉的。而我的先生了解我的個性，他不一定跟我一樣喜歡晚上跟朋友出去聊聊天、喝一點小酒，但他了解我需要這些，於是他從不管我、給我自由，這一點真的讓我很自在，也很感激我先生就是喜歡我 be myself。

可是「自己的空間」是讓一個女人維持幸福感的必需品嗎？卻又不見得。我有另一個朋友結婚二十年來，都過著「以夫為貴」的生活，她的丈夫是個律師，個性就像是傳統的大男人一樣，回家就是看報紙、翹腳喝茶，家裡和孩子的事都是我朋友的責任，所以她根本沒有自己的私人時間。我曾經覺得她這樣好辛苦，試探著問她「都不會想有一點一個人的時間，自己出去走走嗎？」沒想到她根本沒有什麼興趣，反而覺得一直待在家庭裡、待在老公身邊很有安全感，真的叫她一個人出國、去自助旅行，她反而覺得害怕和孤單。對我來說，沒有自我空間會讓我受不了，但對她來說，太多的自我空間卻會讓她不知道該

怎麼辦。

另外還有一個有趣的例子，我的同學 Julie，她和她男朋友非常好，在一起已經超過十年，同居也很久了，男方想正式定下來，女方卻是不婚主義者。兩個人經濟獨立，工作條件非常好，很享受兩人世界，並沒有要生小孩的計劃。

有次聚會我好奇地問他們倆為何不結婚，Julie 說：「不用結婚，我們已經是老夫老妻了，都住在一起生活這麼多年了。」

「既然這樣為何不就結一結算了？」我也是很討厭，一直不死心的煽風點火，想探討出一個真實的理由，哈哈！

Julie 看了我一眼非常認真的說：「他一直都很喜歡我，唸書時他飛到澳洲猛追！到現在都十幾年過了他還在追我！什麼都幫我做。我工作忙，要常飛，他是自由業，家裡的一切都毫無怨言的打理。我不想生小孩，他也不要求我！如果我們真的結了婚，就不是這樣了！我愛好自由，不想一定要對他的家人有責任，更不想要聽公婆念為何不生小孩，或管我。既然這樣，

不婚不是很好嗎？享受愛和被愛的日子，不一定要成為家人！」
其實 Julie 講的也沒錯，而她的另一半也真的就是死心塌地的愛
著她，看她的眼神就是充滿疼愛呵護的光芒，我也替她感到開
心。Julie 的男朋友真的是把她像捧在掌心般的疼愛，走進他們
房子裡，好幾面牆都是掛著她男友這十幾年來偷拍的獨照。有
一張是她走在倫敦大橋上，那個時候的她臉上還有著小女孩般
的天真氣質，她頭髮凌亂被橋上的風吹著回眸看著，笑容開懷
到你會覺得幫她拍照的人和她是世界上唯一的兩個人。我看了
目不轉睛，好感動，如果一個女人被一個男人這樣徹徹底底的
愛著，那真的別無所求，結不結婚又有什麼關係呢？

當時聽完 Julie 的不婚論後，我看著 Julie 的男友，他不好意思
的聳肩笑笑的說，「沒辦法，我對她一見鍾情，我就是喜歡
她，一直都是！我想結婚，她不想，我不排斥生孩子，她不
要，那就隨她吧！」她男友口氣裡沒有一絲一毫的抱怨，眼神
裡已沒有任何委屈，真的，他真的全然接受。

你們說，這種愛情是不是跟電影裡沒有兩樣？我相信，Julie 的小任性和堅持或許在她男友心裡算是他們關係中的不完美，但她男友就是愛全部的她，也不會想改變她。Julie 也很珍惜找到一個讓她可以自由自在的做自己的男人，也就是因為這樣，雖然沒有結婚生子，可能還常被親戚朋友追問，但 Julie 也是擁有屬於自己的幸福！他們的幸福或許跟我們一般人認為的幸福長得不一樣，但的確是屬於他們倆個獨一無二的特有幸福！

這樣講或許感覺很空泛、好像沒有一個確定的答案，可是俗話說得好「每個人都是與眾不同的」，既然你和別的人都不一樣，那麼我們需要的、適合的東西，又怎麼會一樣呢？一個人的蜜糖也許是另一個人的毒藥，我們都會羨慕別人的幸福，可是要知道的是，假使把你的靈魂放到他的身體裡，你也會覺得幸福嗎？那可未必，因為你不是他，你無法 copy 別人的人生。

幸福不是批量生產的成衣，而是一種「量身打造」的專屬品，

真愛的進階階段

我有一個多年的朋友，她結婚、又離婚，現在還單身尋找轟轟
烈烈的愛情……說實在的，我簡直不知道是該佩服她、還是苦
勸她好，為什麼這樣說呢？因為如今已經四十歲的她，依然在
苦苦尋求著她心中的 true love。每次戀愛都說她遇到真愛了，
過沒多久又說這不是她要的，然後又傷心痛苦地離開，下次，
又繼續轟轟烈烈地愛上個什麼人，永不停息。

可是，到底什麼才是 true love 呢？

我們這一輩的女生，基本上是看著瓊瑤、好萊塢浪漫電影、甚
至是《慾望城市》長大的，在我們心中，對浪漫和愛情，都有
著深切的渴望。當然，每個人對「浪漫」或者「真愛」的定義
都不一樣，可是我相信每個女孩都希望找到一個「對的人」，
所謂的「對的人」不一定是要多有錢、或者多帥，所以女生總
常常說「我沒有很挑」，可是說真的，目標明確的條件起碼就
是分成「找得到」跟「找不到」兩種，一翻兩瞪眼，可是女生

最愛說的那些什麼「感覺」啊、「心動」啊，卻沒有任何辦法可以衡量，豈不是更難找？

也許聽到這裡有人會問我：「妳講得這麼理智，難道當時妳沒想過要找白馬王子嗎？！」

在這我可要大聲疾呼，我當時真的是覺得我找到心中的白馬王子才結婚，可是沒想到我找到的是白目王子（啊，老公，我開玩笑的啦！）

我要說的是，婚姻生活需要用很大的智慧來經營，即便是浪漫的部分也是。我曾經在那些泡泡夢想裡找到實踐真愛的方向，因此才想寫這篇文章跟大家聊聊。

年輕的時候，我總看不清楚這一點，老幻想著浪漫愛情，沒有什麼煩惱，如同電影一般美好，但，現在的浪漫偶像劇裡的人也很多毛病啊，《慾望城市》裡的 Mr. Big 仔細想想不也是個自大自私的男人嗎？雖然他最後漸漸改變，撇開電影裡不可思議

的浪漫結局，影集中，還是跟我們講了很多男女生活的真相，只是我們往往只想記得好的，最棒的。我們看的好萊塢愛情喜劇片都是演到男女主角步入紅毯做結尾，這是一個假象！其實真實生活的開始是在你興高采烈的說「I do」以後！哈哈！

我們這一代的女人，不再像從前的女人那麼被束縛，我們有著很自由的環境孕育我們成為很有想法的獨立女性！就像當年的我自信滿滿，覺得我有不錯的工作、不錯的學歷、不錯的腦袋、不錯的長相，當然，又有不少人追，是與眾不同。那時候的我，信誓旦旦的在心中發下宏願，如果有一天我要結婚，我絕對不要那種只剩家人感情、沒有情人激情的婚姻，我絕對不要成為只會叨念先生小孩的黃臉婆！我要過最幸福浪漫的，童話城堡般的生活！

懷抱著這樣的決心，我結婚了，只是結婚後發現跟自己想的不一樣，童話裡的公主絕對不會有怕生不出小孩的困境啊！又打

針、又運動、又改變飲食……白馬王子也不可能因為忙於工作（或者他們會出去打仗）所以不懂得呵護公主了。接下來養育著兩個孩子，才漸漸發覺，當你們共組一個家庭，難免就要為了開門七件事爭執，當你們有了孩子，難免一開口就是討論奶瓶尿布。談戀愛時我們的話題都是去哪約會呀、哪部電影好看，可婚後我們的話題卻漸漸變成家庭瑣事。這樣的婚姻，和我當初計劃的、想像的有太大的落差了，可是不知道該怎麼辦的我，卻除了焦慮以外，別無他法。

於是我開始懷疑，以前我學會的那些「愛的情節」「愛的方法」怎麼不見了（但現在想想，《慾望城市》裡明明就有說著那些柴米油鹽的瑣碎情節，怎麼我們都只記得那些漂亮的鞋子，跟感人的姐妹情誼呢？）

然後有一天，我和先生去參加一個朋友的婚禮。我看著新郎新娘臉上甜蜜的笑容，那種雙眼裡只有彼此、再無其他的專注……

我突然想起當年在婚禮上的自己，肯定也是對未來充滿信心和期待吧，可是到底出了什麼問題，怎麼會漸漸的變了呢？婚禮結束後，我滿腦子還沉浸在那種幸福的氛圍裡，可是回到家打開門，我又要去哄孩子睡覺，先生又要去準備隔天開會的東西，那種感覺，就像是從浪漫的天堂摔回了人間，這樣的對比實在太強烈了，我終於忍不住哭了出來，跟 H 說：「怎麼辦？我覺得我們的婚姻，沒有愛的感覺了！」

H 顯然嚇了一跳，而且他根本不認同我講的話，在他的認知裡，我在家裡想盡辦法把孩子帶好，而他在外面工作努力給我們過好的生活，既然兩個人都是在為對方付出、在為對方努力，那就是貨真價實的「愛」，何來什麼「沒有愛的感覺」？可是當時的我卻還懷抱著一點少女心，覺得我的婚姻不應該只是這樣子而已，明明我就應該擁有九十分的婚姻，為什麼要屈就於八十分的現況？

我承認，那個時候的我，其實是不快樂的。現在想來，其實是我對於生活型態的轉變進階，感到無所適從。一方面我知道 H 對家庭很負責任、對老婆對孩子都盡心付出，就算比上不足，比下也絕對綽綽有餘。可是另一方面，我的婚姻和自己原本預期的有落差，那些泡泡糖浪漫情節，彷彿離我越來越遠，看到先生無法自拔的怦然心動似乎也不見了，那讓我覺得悲傷。像是 drama queen 上身，我動不動就跟 H 討論我們沒有「愛的感覺」了，他當時茫然地看著我，老實的他，覺得穩定的幸福就是愛的感覺啊！可我心裡就空了一塊，好像從城堡落下的公主。不知道該怎麼辦的我，開始去上很多心靈成長課程。原本我預期的，是在課堂上學習到怎麼進步、怎麼變得更好，可是去上了課以後我才發覺，其實所謂的「好」是有不同的階段。

我並沒有從城堡落下，而是我把自己關在一個「浪漫愛情」的城堡裡。愛有很多種面向，成為媽媽的我，內心有一塊少女時期的我還在那萌芽，所以我會渴望等小朋友們長大一起去迪士

尼樂園看著遊行跟公主；我還是會期許一些浪漫，卻忘了當時想嫁給 H，就是因為他很誠實不太甜言蜜語。有時過分的緬懷會讓我們遺忘，遺忘我們應該轉到另個型態，遺忘所謂的很好，是有不同階段的收穫，就像四季更動一樣。

只是，現代人很少去思考這一塊，就急忙著放棄。就像我那在尋找 true love 的朋友，她永遠都在 true love 階段一，每次都跟我說她找到真愛了，但接下來要進階時，她就覺得那不是她想像的真愛，於是她就逃跑了，逃到下一段「真愛」。

這時不免想，以前的人離婚率低，是否是因為沒那麼資訊爆炸、生活便利什麼都擁有。父母那一輩的人生活剛起步，拚命為孩子的未來、更好的日子奮鬥，他們沒有太多選擇，所謂幸福就是平順溫飽。所以年紀到了就是該結婚，結了婚就是應該生小孩。基本上，只要伴侶還過得去、生活還過得去，吵吵鬧鬧、嘻嘻笑笑就過了一生。就好像吳君如跟任達華演的電影《歲

月神偷》，細水長流釀製出更醇更美的愛。

可是現代的我們都是被爸媽捧在手心裡長大的掌上明珠，我們認為命運掌握在自己手上，所以開始懂得要求、懂得永不妥協，還沒交過男朋友的小女生，就可以跟你說「我覺得男人『應該』就是要這樣這樣」，還沒有結婚的女孩，也有滿肚子「我覺得婚姻就是『應該』要那樣那樣」的大道理，稍微不符合自己認定想像，就輕易放棄割捨不要。

但所謂「應該」是什麼呢？收到這麼多短線資訊的我們，有足夠的耐性去觀察歲月的變化，還有幸福跟隨著時間會產生的不同結果嗎？轉眼間我也已經結婚十年了，這十年的婚姻，我不能說它沒有挫折、沒有想放棄的時候，那一定是騙人的，可是我漸漸明白，有時候所謂真愛跟幸福，是要用很長很長的時間去體會理解的。它不是九十分的浪漫電影，或許有點像十幾季的漫長影集（而且沒有停播的時候喔），有時是用很多小片段

的幸福歡笑，跟零星的甜蜜，搭配的生活苦酸，成為別人無法取代的信賴跟回憶。也許不會永遠像當初談戀愛時那麼甜蜜、或者永遠都不吵架，快樂的時候偶爾在挫敗期時還比不快樂的時候多。但真愛是會進階成長的，至於，你問我到了第幾階了？其實，我也還在學，但我至少可以跟大家分享，愛不是只有一個面向，有時去思考，我們是不是也到了真愛的進階階段了呢？

CHAPTER 2

姐 妹 們
教 我 的 事

妳是別人口中的
「挑剔」女孩嗎？

不知道為什麼，現在漂亮單身女生越來越多。有些人說好男人越來越少，條件好的女生太多，所以遇不到好對象。有些人則認為是這些女生太「挑剔」了，太挑剔，所以很難找到對象。

當然，有些女生是抱持不婚主義，想戀愛，或者不想生小孩，這樣快樂的女生也不少，但我也知道有些是渴望婚姻跟戀愛但苦無對象，卻一直被大家講著「太挑剔」「要求高」也不知該如何是好。

在這邊我想幫那些被說「太挑剔」的女生說說話，其實這也是因為世代成長環境不同了。我們從小就成長在資訊豐富的環境，而成長過程中女性意識抬頭已經很成熟，不但有養活自己的能力，還可以有許多機會實踐自己的夢想，所以比起我們母親那一代的女人，無疑是幸福多了。

最起碼我們不必為了生活、或是社會的壓力，屈就於不適合我

們的男人或者強迫自己投入一段婚姻；可是另一方面，這些好條件卻又給了女人無形的限制，像我有些姐妹淘的父母，還是希望自己的女兒嫁給經濟能力比她強、家庭環境比她好，那些傳統教育中說的夫妻婚配狀態。於是在這樣的狀況下，有些女生就會覺得，跟年紀比較小或者賺錢比她少的男生交往是「降格以求」，或者是因為自己事業很好、能力很強，所以如果情感情緒上有退讓就是一種妥協，會傷了女性的自尊。

嘿，妳們有發現矛盾的地方了嗎？想要找比自己強勢能力強的「大男人」但是又想要男女平等，不想傷了女性自尊，想要堅持原則，不想改變自己。其實，這並不是條件好不好的問題，而是陷入了世代交替的陷阱。

這也讓我常常很疑惑，雖然我們鼓勵女人堅持原則到底，即使冒著孤單一輩子的風險也不肯改變自己，真的是一件好事嗎？

Ada 是我認識十幾年的朋友,她自己創業,有品味、又漂亮、交友廣闊對朋友也很大方,我剛認識她時我們都是青春無敵的二十幾歲,她一直是一個細心,又有想法有能力的女生,可以說條件非常好!也因為她真的太有趣了,所以我們很快就變成常常吃飯喝茶的好朋友。我一直很疑惑,像她這樣的女生怎麼會單身呢?一轉眼現在都已經三十好幾的她,除了幾段小曖昧之外,居然沒有交過一個正式的男朋友!這實在是太不可思議了,讓我們都百思不解,問題到底出在哪?

後來才聽朋友說,曾經有人幫她介紹了一個對象,她覺得很不錯,於是就立刻打給認識的人,問有沒有人認識那個男人、知不知道那個男人曾經交往過的對象是誰,在地毯式的搜查後,她發現這個男人曾經跟她認識的朋友約會,於是她立刻就決定她不要了,因為「怕尷尬」,這樣她可能會失去一個朋友!

聽到這件事之後,我忍不住勸 Ada 不要這樣,應該先舒舒服服地認識對方,再看要不要進一步交往,不是這麼急促地幫對方

打分數。畢竟大家都是成年人了，誰沒有幾段過去？當然，我不能說 Ada 考慮的點不會發生，有時候跟朋友的 EX 交往，確實會對友誼造成破壞，防患於未然是好的，小心謹慎並沒有什麼錯。可是在一開始就用否定跟懷疑的態度去檢查這一切，對自己並沒好處。

後來我也幫她介紹了幾位男生，可每次不是她太拘謹，就是預設太多、想太多所以不了了之。我私下有探聽過，那些男生一開始對她的印象都是好的。可她會讓人有種冷漠無法進一步交往的感覺，不然就是會問他們一些以現階段來講太早、太有壓力的問題。

其中一段就是，某次一位金融業工作的男性朋友跟 Ada 約了幾次會，剛好講到了最近他哥哥的小孩在選學校，兩人聊起了對於小孩教育的看法，Ada 就說了：「我希望我的孩子，可以唸私立學校，我未來的先生應該要有這樣的環境條件、也希望他

高中之後就送去美國、我喜歡東岸勝過西岸⋯⋯」

Ada 自己滔滔不絕地講了許多她想要的條件，一定要這樣、一定要那樣，她統統都規劃好了，男生突然感到害怕，覺得 Ada 是個喜歡掌控一切的女人，不是適合他的對象。

我後來想了一想也是，也許 Ada 這麼聰明這麼棒的女生，她要的是個可以讓她領著往前走的男人。於是我就問她了，有沒有想要跟比較年輕的男生交往？
Ada 這時否定了，她覺得她要交往一個經濟條件比自己好，年紀要相當，工作能力比自己強的人，可以照顧家裡負擔一切開銷的人，這樣才是真正的男人。

但當我問起當天跟金融男的事情時，她又說了，對啊，小孩的教育我從小就想好了，一說完之後她甜笑地說了，覺得金融男的條件真的不錯，滿有好感的，只是不曉得為何那天約會之後

就沒再聯絡了。我鼓勵她要不要再主動聯絡試試看，但她又回絕了，說她才不要主動，太丟臉了！

這時……我也不知道該說些什麼了，這女生是如此的棒，但她卻陷入了「自主」跟「傳統」的矛盾裡。變成一個高擇偶條件症候群的女孩。

後來我仔細觀察，身邊有不少女生多多少少都有一點 Ada 的毛病，我並不覺得這算太挑剔，只是在成長過程中，漸漸陷入一些矛盾。

矛盾誰沒有呢？沒有人是十全十美的好嗎？只有願不願意互相包容彼此的缺點，然後清楚的看見優點！說穿了，我們自己也應該要花時間靜下心來觀察自己的盲點。

雖然不能因為適婚、為了結婚而結婚，但被那些「規則」綁住，作繭自縛，是何必呢？當妳被人說「太挑剔」時，我知道

妳一定會很難過，但先靜下來想想，是不是陷入了某種矛盾中。

先不要忙著說「要」什麼，或者「不要」什麼，如果妳真的想要投身婚姻家庭中，也許讓自己鬆一點點，違背自己的「標準」一些些，我這邊不是說妳要勉強自己跟沒有心動感的男生約會交往，而是，多一點試試看，也許，會有不同的風景。

有的時候我們都太執著在「自我」當中，我們習慣以「我」作為思考的出發點，可是記得，想要認識人、談戀愛，一定要試圖打開一點心房，put yourself out there! 即使約會幾次後真的不喜歡他或發現有問題，煞車還來得及啊！如果每一個人都被擋在門外，怎麼會有機會談戀愛呢？

別愛面子
坦率主動點真的沒關係

三十幾歲還單身，但又想結婚的女生，前一篇我們聊到在我身邊的朋友有些是被世代差異困住，變得有點固執。但我還有另個朋友也是讓人很心疼，那就是——她太愛面子了。

為什麼說她愛面子呢？說也奇怪，Cecilia 也是個很聰明有趣漂亮的女生，個性爽朗，跟 Ada 不同的是，她有很多男生好友，也很樂於傾聽。像這樣的女生，卻也單身了七八年，從二十七、八歲到現在，也不是沒有約會，只是每次沒多久男生就不見了，甚至常常跟她的女生朋友在一起了！雖然她總開玩笑說自己是「紅娘」「媒人婆」，但我知道她是不開心的。

因為，雖然是家裡最小的妹妹，但土象星座的她，老是把全家人照顧得好好的，父母跟哥哥都很依賴她。而喜歡照顧人的她的確很渴望有自己的家，特別是在她的哥哥，最近娶了朋友的表妹 S 回家後。

S 跟 Cecilia 的個性不大一樣，她很害羞，在公眾場合幾乎不大說話。像極了英國影集《唐頓莊園》裡會出現在宅邸作客又害羞的遠房親戚那樣。會參加大家的活動又不知道要說什麼。

但 S 對 Cecilia 的哥哥初次見面就有好感，甚至還緊張到連話都說不好，一開口還破音。如此害羞的她，在第一次吃飯的場合裡，竟主動說被風口吹得不大舒服，於是就順利的換位子到 Cecilia 哥哥旁邊。

這究竟是巧思還是巧合至今我跟 Cecilia 還是想不出答案，但那天回家後，S 落了個東西，卻請她表姐打電話請 Cecilia 要她哥哥送來，打來時，她的朋友說：「說來有點糗，我表妹覺得妳哥哥不錯，多多幫忙一下啊！」Cecilia 說她真不敢相信，覺得這麼直接好尷尬！

Cecilia 並非不喜歡 S，純粹是驚訝這害羞的女生怎麼如此主動。

後來故事怎麼發生我們不是很清楚，總之就那一次牽線，一年半之後，他們倆就要結婚了。這個結果是緣分、是互相喜歡沒錯，但這段良緣的促成，雙方都下了點功夫，尤其是女方很勇敢，從一開始就清楚 Cecilia 的哥哥是她要的類型，明白碰到這樣的對象不容易，要好好把握！

「妳看看主動多好！」幾次姐妹聊天時間，我不停地鼓勵著 Cecelia：「有喜歡的對象，一點點小技巧就可以漂亮出擊，很棒啊！」
Cecilia 還是反對，她就是太愛面子，老是要等人主動。但更尷尬的是，每次男方主動，她偏偏有的時候不敢跟人家單獨出去，要帶她的一票姐妹出門！

看到這，大家都應該知道問題在哪了吧！假設一個女生把還未成定局的男朋友或對象帶去姐妹聚會。很多電影、兩性教學手冊都說了，在感情未穩定前不要帶喜歡的男生出門，因為

這個男生會 confused，以為他對妳有好感，可是妳不領情才把妳的姐妹叫出來陪妳約會。若因為這樣，這個男生換跑道開始追妳的朋友這麼辦？完蛋！妳就只能再一次當牽線的紅娘！

不要懷疑，這種事是真的有可能發生！偏偏有一些女孩還會好強到不承認這是她喜歡的男生，每次都堅持以「朋友」相稱，若有機會單獨出門，男生若要請客，還會搶著各付各帳單，甚至各自開車回家。這不是說女生一定要被男生照顧成公主，或者出門都是要男生付錢，只是有時候男生表現紳士，女生讓他發揮一下，讓他們有保護感也挺好的不是嗎？當妳總是拒絕這些好意，幾次下來，男生當然也會覺得妳只是把他們當朋友。如果，一些熱情的女生主動出擊，妳就會在次次好感剛萌芽時，就無緣發展只能變成朋友了。

雖然很多人說，男生喜歡挑戰，要讓他們主動追求。可不又有句話說「女追男隔層紗」嗎？所謂的主動，不是要拚命約對方、擺明了要追求。只是多一點點釋放，一點點的柔性，

就像 S，一點點的小主動創造機會，不是很棒嗎？

現代的女生應該要勇敢一些，其實談戀愛在開始時，是不該什麼怕丟臉，尷尬的。因為單獨不知道怎麼辦所以帶出去，或者是希望姐妹們幫妳先看過，不是幫自己，反而是給別人製造機會！沒有開啟第一步，怎麼會知道這是不是妳的真幸福呢？

提醒浪漫一點都不丟臉

有些人可能覺得需要「提醒」自己的另一半要浪漫很丟臉，特別是未婚的女生常喜歡抱怨對方都不懂自己在想什麼。他為什麼忘記這是什麼紀念日、他為什麼不幫我提重物，他為什麼不主動……其實，與其為了這種小事計較還不如就表明自己想要什麼？完全沒必要僵持在這一點。

這裡不是我用已婚人士的高姿態在看待單身女子，而是進入婚姻生活後妳就會發現，這些事情根本不是什麼 big deal 啊，有時提點一下對方，甚至幫他安排好，沒什麼不好的。

若妳進入婚姻生活，尤其有了孩子就知道，「提醒」根本是常態！報稅了嗎？小孩餵了沒？插頭記得拔……

對，就是有這麼多不浪漫的「柴米油鹽」所以讓我們漸漸把許多矜持丟掉，畢竟兩個人在那邊永遠互相不提醒，豈不是一堆事情都做不完？既然每天都要提醒那些瑣事，那營造一點浪漫

提醒有何不可呢？

甜蜜浪漫，不需要被動等待，有時主動出擊，一樣會有著幸福的回憶。

我的人妻朋友 R 更應證了「提醒」一點都不丟臉。R 已經結婚十幾年了，也已經生了可愛的 baby，很多夫妻到這階段，就是「過生活」，日復一日討論著小孩的教育、家用，愛情裡的甜美浪漫往往所剩無幾，可是他們每一年都還是會過情人節、聖誕節、結婚紀念日……並沒有忘了屬於夫妻的甜蜜。

很多人都很羨慕的對她說「哇～妳老公好浪漫喔！」覺得她很好命，遇到這樣的老公。可是她跟我說，其實她老公也沒有大家想像的那麼浪漫，大部分還是要她自己積極一點，提醒老公一下。嘿，妳們看，這時她沒有抱怨老公不貼心也沒有說老公差勁，而是找對方法讓自己開心。

譬如說情人節那天，她睡醒發現老公在看電視，她就跟老公說：「親愛的，今天是 Valentine's day 耶！」

她老公驚訝地問：「蛤，不是才剛慶祝過我們結婚周年嗎？」

她又繼續撒嬌：「可是難得一年一次嘛，誰叫我們結婚的時候這麼接近 Valentine's day ？我也不是要鮮花鑽戒，只是想一起吃個飯～」

R 的撒嬌態度也獲得老公的良好回應說：「喔，好啊，那妳想吃什麼，妳決定好再告訴我就好了。」

於是，他們兩個就甜甜蜜蜜地享受了頓燭光晚餐。

妳覺得情人節會陪妻子吃飯的老公浪漫嗎？一對結婚十多年還會記得要慶祝情人節的夫妻，當然浪漫不是嗎？可是，這些都是她細心努力經營來的啊，她不吝於讓先生知道她的需求，並且用柔軟甜美的姿態去溝通。這樣的幸福，都是她不帶丁點抱怨、不覺得哪分委屈創造出來的啊！

女人都常常說，我要一個體貼的男人或我要一個浪漫的男人，那妳也要給男人機會去表現、甚至妳要自己創造讓他表現的機會。像上面那個例子，如果妳在一開始就發脾氣，不高興老公忘記情人節這件事、不高興老公態度消極、沒有計劃，妳對他發脾氣，他肯定也不開心，那情人節那一天肯定就毀了、什麼都沒有了，妳最後剩下的，就是跟姐妹淘在一起抱怨「我老公不浪漫」「我老公不體貼」，這樣會比較好嗎？

許多人都只樂於分享完美的那一面，可生活不是只有這樣的，其實他不記得情人節、聖誕節，甚至有時更呆連生日都不小心忘了有什麼關係？妳提醒他就好了啊，他沒主動提出要慶祝有什麼關係，妳提出、他同意，還是會有浪漫的一天，不是嗎？

別怕遇到壞男人

常聽到一些年輕女生說：「我的感情運很差，這輩子一定怎樣怎樣……」或者有些女生會去算命被說是什麼「小三」命，就認定自己再也不會得到幸福，男生稍微對自己好一點，也不管對方有沒有結婚或者女朋友，就陷進去，只是怕寂寞渴望溫暖跟戀愛。

另一種則是稍微大一點三十幾歲的女生，可能談過幾次失敗戀愛，就完全投入於工作，覺得工作至少比較安心穩定。即便去約會也很保護自己，自己開車去、買單各付各，把自己武裝得銅牆鐵壁，一點讓男生獻殷勤的機會都不給。

各位姐妹們，上述這兩種狀況，都只是某種「怕受傷」而已。一種是不相信自己值得更好，另一種是總是嫌遇到的不夠好，或者是怕再遇到壞人。
但有時候，妳就是會遇到一些花心的壞男人，但這就代表永遠嗎？No！

為什麼會遇到壞男人呢？親愛的女孩，有時候別先責怪自己眼光不好，壞男人多半裹著些浪漫的糖衣。可能很有才華、可能口才很好，或者時常給妳驚喜。那些好萊塢浪漫電影所呈現的他都不會少，創意滿滿到若諾拉‧艾芙倫還活在世上，都想推薦他去幫她寫出另一部《電子情書》或者《西雅圖夜未眠》了！

但他壞起來時，會讓你無法相信他是同一個人，對，就是這樣水深火熱又痛苦甜蜜，有時要過了好久才會覺醒。但有時要謝謝他們的感情三溫暖，因為這樣，才更懂細水長流的甜美幸福，就像我也是因為遇到那樣的男人，才懂得知道自己需要的其實不是多少甜言蜜語，而是務實誠懇有肩膀。

當然也不是只有我這樣，我有個好姐妹 Tina，也曾經遇過一樣的事。當年我們一起念大學，她曾經交往一位自認有才華的攝影師，大家都說這男生是不可多得的新銳藝術家，他也常說 Tina 是他的 muse。這個男生長相斯文、不是很帥但講話很有

深度，雖然經濟能力很差，個性卻十分浪漫，給人難以捉摸的神秘感，周遭的女生也沒少過。最讓 Tina 崩潰的是常常在他的電腦裡或者桌上的紙條中看到女生的曖昧訊息，每次他都說 Tina 想太多了，那是一場誤會，若罪證確鑿時就推說都是那些女生的問題，他這輩子最愛的只愛的都是 Tina，其他都是誤會。

但久了，Tina 也會怕。讓 Tina 死心的一次是某個紀念日，他們兩人去一間高級餐廳吃飯，Tina 打扮得漂漂亮亮穿著新買的高跟鞋跟洋裝，化著完美的妝容，前菜才上到一半，男友卻神神秘秘地抓著手機進去廁所。那年代還沒有 iPhone，不過 Tina 的直覺就是「有問題」。於是她尾隨著男生到廁所，一個漂亮的女孩子就耳朵附在男廁門上，隱約地聽到男生的聲音說：「Baby 我也很想妳……」當下她真的崩潰地差點在餐廳大哭，連路都走不穩的她，趕緊想轉身離開，這時男生打開廁所門，問她在幹嘛？還語氣很大聲的質疑 Tina 是不是又懷疑他，甚至拿手機給她檢查。

手機裡當然什麼都沒有，都已被他先刪除了，又怒又悲的她，頓時拔腿就走，也顧不得外面天已黑，餐廳又近郊區，叫了 taxi 回家。

如此戲劇性的人生，是 Tina 人生的警惕，她跟我說：「那時我一度覺得自己真有幻想症跟神經病，男生有次說我出現幻覺我居然信了！還打算去找心理醫師！」

好在她懂得找停損點，一次回台灣時她徹底跟男生斷了，男生一直表現得情深意重，讓 Tina 被好多人怪罪是狠心的女生，好在，後來真相大白。越來越多人看清那男生的真面目，他跟女生們那些曖昧不清的狀況也漸漸被公開，而 Tina 終究認清他只是需要許多人的愛來增加自信心。

當然，Tina 分手那段時間，我也一直陪著她，和許多人一樣，她經歷過責怪自己、懷疑自己，也因此任性地去隨便跟男生約了幾次會。但那些都是過程，我們這些好姐妹陪著她，大家在失戀的時候彼此鼓勵，如今她在紐約也生了一對可愛的姐弟。

而那位所謂的新銳藝術家，後來，根本就消失在大家的生活圈裡。

很多時候有好姐妹是很重要的，無論婚前還是婚後。她們會在妳受創時給予力量，妳少根筋時給點提醒，更在妳小題大作時讓妳可以一笑置之。

所以，不要怕遇到壞男人，一次遇到壞男人並不代表永遠。當然，太常遇到壞男人，可能要想想是不是哪個環節出了問題。可是，千萬不要覺得這是什麼「命中注定」或者是「自己條件太差」。

遇到了壞男人，才會知道自己要的是什麼。相信我，世上很多女孩們都是如此，要相信自己會幸福，那才能真正找到，適合妳的對象。

存在感
讓女人更愛自己

人生真的沒有很長，對於女人來說，我們一生當中要扮演好多不同的角色，女兒、姐姐、妹妹、太太、媳婦、媽媽、員工、老闆、朋友……等等。只能說我們的可塑性真的很高哈哈！不過說真的，無論在什麼階段的我們，絕對不可以少的就是「存在感」。

還記得我身旁的長輩曾經很感慨的說過一句話，「等妹妹去念大學了，我的責任已了了，終於可以為自己好好想一想，可以為自己做一點什麼。」

我當時聽了很疑惑，因為這一位長輩一直是我認知中的好媽媽、好太太，嫁人後很專心的相夫教子，兩個孩子被她調教得非常有禮貌、成績好、笑口常開。從我們外面看進去，覺得她人生很美好，是一位很成功稱職的主婦，非常有成就。可是當時我看到她眼神透露的落寞，她繼續說著：「先生好、孩子好，我當然好，可是誰說我這一輩子就只想成就別人？我呢？這二十幾年過去了，一轉眼我也過半百，這些年我從沒為我

『自己』做過什麼。」

當時我完全可以感受到她心中的失落和矛盾，雖然我自己或許還沒親身體驗過那種階段，但我可以理解她的意思。如果一個女人幾乎沒有個人的時間和空間，總是忙著老公小孩，而如今小孩長大、一一離開家裡，她突然失去了生活重心，肯定是不會習慣的。

很多上一輩的女人，在所謂空巢期的時候，都有類似的狀況，或者像是日本所謂的「退休離婚潮」，想必也是一樣的情形吧？以前的女人，總是被教育結婚後就要為家庭、為老公、為孩子付出，她們很努力的全心奉獻，而副作用就是，把家裡打理得很好的同時，她們同時也失去了自我。我們前面有討論過有的時候確實要把家庭放在自我前面，但要有 balance，也不能完全失去自己！

但是，在孩子還小時，這個「失去自我」的影響力是不明顯的，

畢竟嬰兒可能五分鐘、十分鐘就哭著要找媽媽，幼兒在長大的過程中，也有許多事像是功課、身體……等等許多事要操煩，媽媽真可以說是疲於奔命，哪來的時間想關於什麼自我不自我的問題？可是等到孩子大了離開家、不再需要媽媽無微不至的照顧，這些母親突然有了許多空閒的時間，卻發現自己不知道該做什麼好！因為過去幾十年來，她幾乎從來沒為自己活過，當孩子有天不再需要她，她要面臨的，就是「我還可以做什麼」、甚至是「我存在還有什麼價值」的自我質疑！

當然，很多人說這些媽媽們應該趁終於有空閒，多出去走走呀、或者去社區大學上課學一些課程呀……等等，那些當然都是方法，可是我們卻忘了，當一個人長久不 care 自我、長久放棄自己的興趣和喜好，她們是會忘記那種感覺的！當妳長時間為別人而活，有一天妳只會忘記怎麼為自己活！

當然，上一輩的女人從來沒有被鼓勵過要保留自我，可是直到

我自己當了媽媽、生了小孩，才知道女人要 balance 家庭與自我
空間，是需要付出很多努力的！還記得我剛生完 Olivia 時，看
著她可愛的小臉，我整天都不想離開她，幾乎有三個月的時間，
我足不出戶，常常一整天都穿著家居服，只想陪著我的女兒。

雖然那時候我的公司和經紀人一直鼓勵我去接一些短時間的
工作，可能只是一個小時的通告、可能只是幾個小時的活動主
持，既不會影響家庭、也可以做一些照顧小孩以外的事。可是
我一想到要離開女兒，就完全不願意。還記得有次我到家裡附
近的百貨公司去主持一個精品活動，只不過是兩、三個小時的
工作，我卻在後台哭得唏哩嘩啦，說我想回家看女兒！

現在想一想，其實我很感激經紀人她們拉我出來工作，從開始
出門接一些簡單的工作到慢慢開始寫分享文章、出書，到現在
全然已回到工作崗位，這一步一步往外找到自己的平衡真的
很重要！因為我雖然是個母親、是個妻子，但同時我也還是我

自己，在為女兒、為家庭而存在的同時，我也不該忘了為了自己而活，知道自己有能力 do something，或是培養自己的一些興趣嗜好其實是一個女人自信的來源！

就像我有個朋友，一直是很成功的職業婦女，家庭事業兩兼顧的她，雖然忙碌，卻活得很快樂、很有朝氣。直到最近，她一直被外派在亞洲區工作的奧地利籍先生，被調回了奧地利的總公司，舉家都跟著搬了回去。我們這些局外人聽到她要回歐洲定居，都經常發出羨慕的聲音，畢竟歐洲是那麼美麗、那麼浪漫，她不管是想去巴黎、羅馬還是巴賽隆納，都只需要開車或搭火車就可以到了。可是不會講德文的她，在那裡根本沒法工作，而早已經在上學的孩子也不需要她整天關注，雖然那代表她有很多的時間可以休息逛街，但她卻一直考慮是否要回台灣找工作。她其實是一個有能力的人，樂於工作的她從中得到很多成就感，在職場上的競爭讓她不斷的磨練自己。她告訴我，奧地利什麼都好，卻讓她覺得自己不好，因為在那裡，語言

不通的關係，造成她覺得自己好像什麼都不會。

從少女走入家庭的我們現在真的能體會女人多偉大！要好好照顧家庭，經營跟先生之間的感情，同時永遠不停的擔心孩子，時常還會開始懷疑自己到底做得夠不夠好？犧牲自我，捨去自己的時間和真正想要追求的事業都是因為我們多了一個「媽媽」身分。人生就是這麼奇妙，自己為了愛而改變，不知不覺中，我們已經不是當年的自己，但重點還是要找到自己的存在感！

我想，在現在這個年代，women power 已經覺醒了。很多女人是高級主管、是社會的棟樑、甚至自己是老闆，連總統的候選人，都已經是女性，而且她們真的都做得很好。因為女人的力量非常強大，以前的女人做不到，只不過是因為缺少發揮空間而已。在做一個好媽媽、好太太、好媳婦的同時，別忘了繼續做自己，才能夠真正做個快樂而且有自信的女人。

別被情緒牽著走

做廣播時和聽眾朋友討論一些兩性問題，有個議題是一再重複出現的，就是：「如果發現老公劈腿該怎麼辦？」這個問題如果妳是問年輕時的我，我一定二話不說回答「那就離婚呀！他這樣傷害妳，妳何必委曲自己！」但等到我自己結婚、有了小孩，深深體會到婚姻不只是兩個人的事、還有太多因素得考慮，這個問題對我來說，就越來越難以回答了。我當然希望給孩子一個完整的家庭，可是我想，以我這種容不下瑕疵的個性，如果真的發生這種事，我怎麼可能有辦法原諒或釋懷？

也因為是這樣，我才深深的佩服著我的朋友 Vivi。

在我的眼中，Vivi 在婚前的生活，只有用「天之驕女」四個字來形容。她的家庭的環境非常好，尤其難得的是，她父母親並不是那種因為忙著賺錢而疏忽小孩的人。從小她爸媽就非常的疼愛她、而且她父母的感情也非常好，從外人的角度看來，她就像是相愛的國王與皇后生下來的公主，從小過著幸福快樂的

日子。但 Vivi 一點都不驕縱，個性樸素，待人誠懇，家事、煮飯、教小孩她樣樣自己來！

可是，公主的婚姻也是會出問題的。Vivi 結婚後，很快就懷孕了，然後當孩子生下來以後，她突然發現老公怪怪的，因為老公總是很在乎電腦的密碼鎖，不僅設了開機密碼、螢幕保護程式密碼、連每個硬碟跟資料夾都還有各自的密碼。有時候只是要去上個廁所，他也寧願關機，上完廁所再回來重開機。

這樣的行為說出來，我想十個女生裡有十一個都會認為 Vivi 的老公一定有什麼見不得人的秘密，而 Vivi 當然也不例外。可是，她真的是一個聰明又冷靜的女人，因為她沒有質問她先生搞得兩個人爭執，而是直接趁先生不在的時候，找了個懂電腦的朋友來，破解了她先生的電腦密碼。果不其然的，她發現先生的電腦裡，充滿了出軌的證據，而且不只是一次兩次、也不是一個兩個單一對象，總之，出軌在她先生的生活裡，幾乎就像

貴婦在做 SPA 一樣，是三五天就發生一次的事情。

「天啊！他到底是怎麼回事？你們的小孩那時候都還沒滿周歲吧？你們結婚也沒幾年吧？」當時聽到這個故事的一群好姐妹都很驚嘆的問，明知道是好幾年前的事了，我也忍不住激動得一直問同一句：「那怎麼辦？妳到底是怎麼處理的啊？」

「我就請懂電腦的朋友，再把電腦回復原狀，然後等我先生回來以後，跟他說：『你不要以為我不知道你在外面做什麼，請你記得你已經結婚而且有孩子了，請為這個家庭想想。』」Vivi 淡淡的說。

「就這樣？」我不敢置信。

「當然啦，我還是留下了證據！」Vivi 眼中流露出一種精明的光芒：「我告訴他，我已經掌握了確切的證據，如果他再不改變，我也不會坐以待斃。」

但是，即使 Vivi 這樣做了，可是這樣的處理方式，對我來說

還是很不可思議，如果是我，一定早就氣瘋了吧？說不定把整台電腦從窗戶砸出去都有可能，怎麼可能如此冷靜的對先生放冷話？可是 Vivi 卻告訴我，她當然不是不生氣，內心感到傷心糾結，可是，她知道自己還不想放棄這段婚姻，為了孩子、也為了她自己，她都願意再給彼此一次機會，既然已經決定走下去，那麼撕破臉的爭執和謾罵，對走下去絕對會帶來負面影響，既然如此，何必呢？

當然她說的有道理，我也很佩服她的冷靜，可是說真的，當我第一次聽到她的處理方式時，那感覺簡直像是聽到天方夜譚般的覺得 impossible。女人是多麼敏感、多麼眼裡容不下砂子的一種動物，到底要多大的決心和毅力，才可能做到這樣？可是後來和 Vivi 又聊了許多次，過了好久之後，我才發覺，她之所以可以這麼冷靜，是因為她懂得反省。

Vivi 告訴我，她的先生，其實也不是她的最愛。在婚前，她和

另一個男人談了很久很久、刻骨銘心的一段戀愛，她說她非常非常的愛那個男人，可是那個男人已經結婚了，根本不可能娶她，她幾次三番的想說服自己放棄，可是始終還是放不下。這樣的痛苦她母親都看在眼裡，終於有一天她母親語重心長的問她：「妳要想清楚自己想要什麼。」Vivi 說，她深深愛著那個男人，可是，她比誰都清楚兩個人之間不會有結果，除了轟轟烈烈的愛情，她更想要一段完整的婚姻、更想要小孩，所以，她毅然決然的和她當時心中認為的真愛分手，然後選擇了學生時期就認識的背景相同、家長都樂見其成的青梅竹馬，結了婚，又是入門喜的懷孕，像是趕進度似的，完成了她的願望。

「然後我才發現，交往加上結婚，整整一年多的時間，我的心思根本從來就沒有放在先生身上。」Vivi 說：「因為那時候，我心裡還沒完全放下上一段。或許是因為我從未把心思擺在先生身上，所以在無形之中，造成了我們之間說不出的隔閡，我先生一定也有感覺。我不是幫他找藉口，他的所做所為絕對是

錯的！可是我也有錯。」

我的意思當然不是說女人要把所有的錯攬在自己身上，不管先生做了什麼，一概都認為是自己不夠好而造成的。而是十年的婚姻路裡，我越來越體會到，婚姻是兩個人的事，就像是在打網球一樣，妳一球拍過去、先生一球拍過來，兩個人肯定是會互相影響的。像 Vivi 那樣的經歷，當然是很誇張的一種，可是即使是生活上的各種小事，也都逃不開這個「兩人打球張力」。

舉個最簡單的例子，也許先生早上因為起床氣而對妳不耐煩的兒了幾句，晚上妳可能就不想煮飯給他吃了；同樣的邏輯反過來，也許正是因為妳昨晚嘮叨了先生一整晚，他早上才會藉著起床氣對妳發脾氣……夫妻生活在同一個屋簷下，情緒哪有不互相影響的？正是因為這樣的互相影響，所以，冷靜的處理大大小小的爭執，就變成更重要的事，因為情緒一旦蔓延，往往就會越演越烈。

後來，我知道 Vivi 的先生把心收回來不再出軌，上次看到他們夫妻時，是在餐廳裡遇見他們帶著孩子一起來吃飯，兩個人有說有笑，似乎當時的挫折早已雲淡風輕。我真的真的很佩服 Vivi 的智慧，那是一種決定了自己要什麼、就勇往直前、絕不退縮的自信。兩個人之間，一定會吵、會有情緒、會有難過，疑惑、累、沒有安全感……甚至傷心的時候。但其實我們的內在小孩只想感受愛和被愛，有的時候我們就是要找到心裡的愛，要相信自己可以去愛，也值得被愛！因為女人的 power 其實很強大，尤其在感情裡，更像是有神奇的魔力般，只要別被情緒牽著走，就算是偶爾迷航，我們也一定能夠重新掌握住自己的人生。

CHAPTER 3

有「顏色」的女人
最好命

給老公
一點「顏色」瞧瞧吧！

許多人問我婚姻中的相處之道，而我想，除了溝通、經營、珍惜……這些以外，還有一個很重要的「顏色理論」——是的，如果不想要老公對妳視而不見，那麼，適時的給他一點顏色瞧瞧，絕對是必要的！

我講的顏色不是要給先生壞臉色看或者找麻煩，而是說，女人不應該在有了穩定的婚姻家庭生活後，就失去自己的色彩。隨時抱持著對世界的好奇心，讓先生偶爾發現妳的不同。

為什麼我會這麼說呢？
那是因為好幾年前，有一天下午我突然心血來潮想吃點東西，於是我就撥了電話給一個好朋友，興致高昂的對她說：「嘿，出來吃鬆餅吧！」沒想到她卻支支吾吾了半天，回答我：「那個……我要先去問我老公我可不可以出門。」

什麼？出門還要問老公？在聽到她那樣講的當下，我簡直驚訝

極了，因為那時候也才下午兩點多，她老公也不是不認識我，而且我是約她去吃鬆餅、又不是去夜店！這不過就是一個姐妹的小聚會，喝杯咖啡聊聊天，她又不是未成年少女，居然還有門禁，更誇張的是，她居然還乖乖遵守？

那時，我以為她只是一個特例，可是後來我慢慢發現，像她那樣的女生，還真是不少！有許多女人是活在老公的掌控之下的，別懷疑，用「掌控」這兩個字，一點都不誇張，婚姻是兩個人的結合，家裡的事理應一人有一半的決定權，如果老公比較懂得決策，那麼讓老公當領頭馬也沒什麼，可是我說的「掌控」，是這些女人連自己的私事，都得聽老公的！想買件衣服，老公說「妳衣櫃裡已經有一堆類似的了」，想報名個瑜珈課程，老公說「妳一定三分鐘熱度」……總之，很多女人都覺得先生不願意聽自己說話、不在乎自己意見，可是先生卻一點自覺都沒有，因為，他覺得他早已經摸透了妳，何必還要聽妳說？

當然，結婚以後兩個人生活在一起，你們理應是全世界最了解彼此的人，可是有時候，這種「了解」其實有點恐怖。你們住在一起、睡在一起，妳在刷牙的時候，先生可能在旁邊上廁所……妳先生也許是全世界唯一知道妳這些私密生活習慣的人，可是諷刺的是，因為過分了解，有時疏於維持充滿好奇的溝通，久而久之，他卻也成為全世界唯一一個無法了解妳心事的人。因為人都有慣性，當你們連對方這些私密的、不為人知的習慣都瞭若指掌時，會覺得早已經把對方看透了。就像是一個擺在眼前的傢俱，每天出門、回家都會看到，看了好多年以後，人都會覺得自己很清楚這個傢俱的樣子，可是事實上，就是這個「自以為很清楚」的盲目，卻讓人好多年沒有仔細看過這件傢俱了。就像很多男人會說「反正我老婆就是這個樣子」一樣，他覺得他已經把妳看得夠清楚了、不需要再看了，所以就開始對妳的想法和需要視而不見。

我的意思不是說即使結婚二十年，妳也不能在老公面前摳鼻子

或上廁所，那實在太難、也太刻意了，可是，適時的「提醒」老公妳有所改變、讓他重新看見妳、讓彼此之間重新再獲得新鮮感，是絕對有必要的。舉個最直接的例子來說，我有個朋友婚前要和老公做愛做的事時，如果老公提議要看 A 片助興，她心裡還會覺得受傷、覺得老公是不是嫌她魅力不夠，可是當兩人結婚好多年後，主動找 A 片的人變成了她，甚至她還會去買一些「道具」邀請她老公一起來玩。我很訝異以前害羞的她，居然婚後便成了豪放女，可是她卻告訴我，這件事的訣竅在於「驚喜」！妳不用次次搞花招，每次都玩花招，他也會不希罕，重點是絕對不要事先通知老公，讓他有期待感，很多時候夫妻之間的相處是一種張力，當他有期待感時，對這件事就會更投入，從中得到的樂趣就會越多，下次他也會更期待。如果女人總是以一成不變的面貌面對老公，最後只會落得視而不見的下場，不要說他視而不見，有時，自己是否也會覺得這樣的生活枯燥無味呢？

這就是我所謂的「顏色理論」，一成不變是代表穩定沒錯，可若對自身對生活失去熱情，那就是黯淡無光了。當然妳就是妳，不可能每天變一個不同的樣子，可是就像是在黑衣服上的一點白會讓整個畫面顯得更「跳」一樣，有時候，女人替生活加註一些「跳」色，會使得生活增添一點點驚喜，而非進入靜止的死湖裡。

當然每個人在婚姻關係裡重視的事不一樣，除了閨房裡的事，許多事情都適用這個「顏色理論」。舉例來說，如果妳總是扮演每天四菜一湯、注重家人身體健康的賢妻良母，那麼偶爾也要有叫盒披薩和老公一起看球賽隨便吃吃的隨性，否則妳一成不變的「賢慧」，最後只會變成黃臉婆；如果妳是職業婦女，從上班賺錢顧小孩到家裡各項瑣事都一把罩，那麼妳偶爾一定也要對老公撒嬌：「拜託～幫忙換燈泡，我不會……」，要不然妳的「能幹」最後在老公的眼裡只會變成控制慾。不是說能幹不好、賢慧不好，這些都是優點，但是當妳一成不變的「好」

了十年，對方早已經習慣了、覺得稀鬆平常了，就像我以前接活動、上節目，總是妝化得美美的、穿得漂漂亮亮的，這次接了外景節目反而因為經常要上山下海而沒有「美」的機會，可是 H 看了以後，卻有「原來 Melody 也有陽光的、運動的一面」的驚喜一樣。

我想，結婚時我們都已經作好了「和同一個人相處一輩子」的心理準備，很多男人雖然霸道，可是他們並不是沒有對家庭負起責任。可是，女人要的不僅僅是這些，我們還希望老公可以多注意我們一點。每個男人的心裡，都住著一個小男孩，這個小男孩永遠對已知的事物興致缺缺、對未知的事物充滿好奇，所以女人不妨偶爾做些小改變，讓老公發現妳並不是全然在他的掌握之中，而且，這樣妳不也保持了心中那個好奇的孩子，兩人一起，讓生活更有樂趣呢？

在各種心境下
好好的做自己

現代女生常常講「女人要做自己」「要愛自己」，我也同意這個觀點，畢竟我們要和自己相處一輩子，如果妳不愛自己、不欣賞自己，那麼這一輩子妳都會過得很難受。可是，我發現現代的女人雖然常常把這些話掛在嘴上，可是大部分的女人，還是不懂得怎麼樣叫做「愛自己」，因為大部分的女人，都還是太ㄍ一ㄥ了！有些女人習慣在別人面前裝出一副堅強的樣子、有些女人最愛把自己有多少人追掛在嘴上、有些女人喜歡炫燿自己買了什麼新衣服……不管妳是裝可愛、裝無辜、裝堅強還是裝可憐，在某一種程度上，都是對自己不夠有自信的一種表現，就是覺得真正的自己不夠好、不夠棒，才得要裝出另一副樣子來，才有勇氣面對這個世界。

而我當然也曾經經歷過那個「不夠愛自己」的狀況。二十出頭時的我，最害怕的就是「不夠完美」，所以在別人面前，永遠努力的想做到最好。那時候，我有還不錯的學歷、不錯的長相、不錯的工作，即使偶爾受到挫折忍不住抱怨，朋友也會

安慰我說「妳已經很好了～妳要求太高了」，可是等我一結婚以後，世界頓時縮小到只剩老公家庭和我自己，我才突然發現自己其實非常的缺乏自信。

那時候，身為一個全職主婦，我一直覺得自己越來越慌。婚後，我放下工作陪老公到處出差，好像生活裡除了老公沒有其他、感覺跟社會脫節，好像沒有存在感了！那個時候的我，因為孩子來得比我預期的晚，覺得自己在浪費時間，雖然老公對我好，但我除了是他老婆還有我自己啊！當然我也知道等生了孩子，孩子大了、開始上學以後，不再需要我二十四小時陪著，我就可以繼續工作。可是等待是世界上最痛苦的事，它會讓妳胡思亂想、會讓妳越來越害怕，我一下子怕我生不出孩子、一下子怕孩子大了我就找不到工作、一下子怕凡事都不會那麼順利，經常都覺得不開心。我知道是自己想太多了，不停地在嚇自己，可是當時真的有一點陷入自卑感，完全無法克制負面情緒。

當然，最後的事實證明，那些都只是自己嚇自己，而且直到現在我才發現，當時的我，太執著於「世俗認定的成就」了！很多事真的不能太急，剛結婚我就急著要生小孩，生了小孩我又急著想找到自己在工作上的位子，都沒辦法讓思維停下來享受過程，就是一心急著要有結果！妙的是，越急反而越不順，誰會想到，二十多歲就結婚的我，連想生孩子都花了五年的時間？我那時遇到的各種挫折讓我們上了一門很重要的課。這樣給自己這麼多壓力是在愛自己嗎？不是，反而我那個時候非常不喜歡自己。真的要相信「船到橋頭自然直」這句話，那時的我才正在適應婚姻生活，緊接著又面臨不孕的挑戰，肯定被困在負面情緒中的我，怎都想不到，如今我會有今天的自信，有喜歡的工作，有兩個可愛的小妞！

對照當時的我，最近在 Facebook 上亂逛時，發現了一個全職媽媽的粉絲專頁。她是一個長得很漂亮、身材也挺好的女生，常在粉絲專頁上分享一些關於穿搭還有保養的心得，有好幾千個

人按讚，經常催著她發表新文章。她看起來也非常用心在經營
這個粉絲頁，常常為了發表一篇文章做很多功課、為了一篇穿
搭文添購很多配件。

一開始，我只是覺得好玩，想說這女生有什麼特別的吸引力
嗎？怎麼我有那麼多媽媽朋友會去比讚。可是當我多看了幾篇
以後，卻覺得她真的是一個很懂得經營自己跟生活的女人！這
位全職媽媽本來有著一份很高薪的工作，身為外商公司的管理
階層，因為不想錯過孩子的童年，才決定辭掉工作在家裡帶小
孩。我想當年的她在職場上一定意氣風發，可是現在即使身為
全職主婦，她也絲毫沒有那種大材小用的憤恨和屈就，做了選
擇就不後悔，而且活在當下，這不就是一種大智慧的表現嗎？

成功並不是指你有多少錢或多厲害的工作，而是你不管在什麼
環境，都能找到自己的定位，找到自己的成就感和歸屬感。如
果你真的是一個有自信的人，壓根兒不需要那些外在的條件、

或者別人的誇獎來證明什麼。因為嘴巴長在別人身上，你永遠管不了別人要說什麼。假設妳有一份很棒的工作，別人就要問妳「結婚了嗎？」「女人就算工作再怎麼厲害，還是要有一個家庭才行」；但如果妳有一個愛妳的老公、可愛的小孩，別人又要說「全職媽媽很辛苦吧」「家庭雖然重要，女人還是要有事業才可以」……如果你永遠那麼在乎別人的眼光，那麼，只會永遠覺得自己不夠好。

到底要擁有什麼條件才叫做「幸福」，是沒有一定的。有份高薪或人人稱羨的工作很好、有漂亮的學歷和學問很好、有愛妳的老公可愛的小孩很好……可是，那些都只是人生 bonus。如果你原本就過得很幸福，這些東西都能使你的生活錦上添花、好上加好，但如果你一直覺得自己不夠好、一直覺得自己缺乏這個那個，那麼不管你有了再好的外在際遇，恐怕也沒法雪中送炭，使你快樂起來。

愛自己，不一定是說要給自己穿最好的、用最好的，而是無論在逆境或順境的時候，都能夠處之泰然。不要因為眼下擁有很好的工作或際遇而自滿驕傲，也不要因為當下面臨逆境而自卑或恐懼，只要你相信自己，不管身處在什麼狀況，婚姻裡也好、職場上也好，你都能夠自在的做自己。

不要吝於讚美先生

妳跟妳的另一半是什麼關係呢？妳是深深崇拜著他，覺得他好棒，值得依靠；還是總是擔心著他，忍不住唸東唸西怕他做不好？

那麼你們的關係是什麼樣呢？是因為老崇拜他所以失去了自己，還是萬事擔心所以通通都要妳打點呢？

長輩常說，「成功的男人背後，畢竟有個支持他、相信他的女人。」結婚十年來我也盡量在學習這點，畢竟無論男人女人都喜歡聽好聽話，無論是育兒專家、婚姻專家，人際關係的能手，都時常提醒大家，要把「好」說出來，把「壞」多咀嚼之後才講出來，這件事每個人都知道。所以婚後我時時刻刻提醒自己，少抱怨、少挑剔、多誇獎老公……不過說歸說，有時我心中那個「完美小姐」啟動的時候，還是忍不住找麻煩，當然十年的婚姻讓我對很多事都學會放鬆、放寬標準。我知道 H 是個認真負責照顧家庭的好男人，我最愛 H 也最感激他的是他欣賞也讓我徹底的自由自在的做自己，也謝謝他給予我這麼多。我曾經

覺得自己已經做得不錯了，直到認識了某個朋友，她誇獎老公的程度之虔誠，到我只能說：呃，妳把妳老公⋯⋯當成神嗎？

相信我，我真的一點也沒有誇張，剛認識她時，我每每聽到她形容她先生，看著她那閃爍的眼神、崇拜的光芒，都會心裡OS：「Oh my God！你們在熱戀嗎？妳把老公當偶像嗎？」她到底誇張到什麼程度呢？她暱稱她先生為「老爺」，動不動就說「我們家老爺說⋯⋯」「老爺真的很厲害⋯⋯」「要不是有老爺在⋯⋯」總之，就是一副要是沒有了先生、她的人生就再也沒有希望跟光彩似的崇拜。

聽到這可能有人說，她一定在做戲啦！但也不是，她就像我們看電影或者名人成功史上那些身旁支持他的另一半，她是真心相信先生萬事都好、無所不能。但這女生並非所謂「成功男人背後的女人」喔，她其實也事業有成，現在也在先生的公司協助工作，這間公司與其說是先生創立了，不如說是夫妻倆一起

打拚出來的。但我這位女生朋友，卻始終覺得是因為先生，才有這番成功。

也許是吸引力法則，當年他們結婚時，我這個朋友的工作能力比先生強，賺得錢也比較多，算是一般人眼中的「女高男低」。但在她的「堅信」與「支持」下，她老公似乎越來越好、事業也越做越大，兩人一起在理想中的居住環境買了房子，也多了時間去度假玩樂。他們的感情並未從公司營運越來越穩健中變化，反而感情依舊甜蜜，朋友對老公的崇拜與愛，也未曾改變。

其實人生高低起伏，誰沒有做不好的時候？只是我們總習慣先指責對方的不好，遇到好則覺得習慣或者應該。有時講久了，不僅對方沒信心，連你自己也被自己的負面話語說服了，覺得對方就是沒那麼棒。於是兩個人越來越不開心，婚姻越來越不幸福，我周遭有幾位朋友就曾遇過這樣的狀況。

想當年在金融風暴時，就有幾位朋友沒度過難關，損失了金錢，也傷了感情。

或許你會說，貧賤夫妻百事哀啊，好的時候大家當然用力讚美，困難的時候自然就會吵鬧不休。可仔細想想看，大家並非都是一開始就好的啊，像我那位朋友，他們創業時也不是萬事順利，但她總是相信跟鼓勵（這邊說的不是盲目地相信，而是當你覺得對方做得很好時，要不吝嗇的鼓勵讚美，把好話說出來）。

有時覺得人們很奇怪，每個人都知道對方愛聽好話、喜歡被誇獎，可是明知道對方想聽什麼，卻怎麼也說不出來。那麼，難道說不出來的原因，是因為真的覺得另一半有那麼差勁嗎？我想當然不是，就像我，我心知肚明我先生是個好老公，就算不到萬中選一、也絕對是百裡挑一，可是要我用亮晶晶的崇拜眼神整天對著他說「老公～你好棒～沒有你我該怎麼辦」我個人覺得有一點 over。明明我心裡覺得他真的做的比大部分的男人

都好，可是從我嘴裡就是常常對他講不出來那種很誇獎人的言語，到底是怎麼回事？

我想，或許在華人的成長環境老教育著，成功要虛心、失敗要檢討，更要隨時挑剔求進步。老人家有個習俗，說嬰兒不能誇，一誇就搗蛋亂哭。女人也好像有這種想法，潛意識裡認為男人不能誇，一誇他們就會拿翹。就像兩性書也常教女生在跟男人約會時不要把對方過度的「當回事」，不然對方就會覺得太容易得手，失去了征服的樂趣妳就輸了。

兩性書籍說得有沒有道理我就不評論，但若今天妳的婚姻已經是在一段穩定的關係裡，何須吝於讚美另一半呢？
我們挑剔另一半，多數不是因為覺得他真的很糟，要是真的認為他無可救藥，老早就走了，哪還會留在這裡碎碎念？我們之所以挑剔男人，是因為我們相信另一半可以做得更好！

但這樣的負能量能讓對方感受到我們的愛嗎？看著我朋友的例子，不免想，是不是我們該用鼓勵代替挑剔呢？

被信任的感覺是很好的，當別人信任你時，你心裡自然會有一種「我一定要做到」的使命感，因為兩個女兒漸漸長大了，這個感覺我最近越來越有體會，她們有什麼需要、什麼困擾，當然就是找媽媽，可是說真的，我也是第一次當母親，許多事情都要學習，根本沒有百分之百的把握，但是看著女兒信賴的眼光，自然而然就會有「我絕對不能讓女兒失望」的決心，所謂為母則強，大概就是這個意思；不是說「女兒是父親上輩子的情人」嗎？如果這句話是真的，那麼下輩子我會變成我先生的女兒吧，而女兒之所以得爸爸疼，不就是因為那全心信任的仰慕眼光嗎？

最近我又和那位朋友吃了一頓飯，說起她和老公共同的事業蒸蒸日上，我當然真心的恭喜了幾句，然後，她又一如往常的

說：「沒有啦，那都是我老公的功勞，要不是他教我、把經驗毫不保留的告訴我，我哪懂做生意呢？」

那一瞬間，我當然心中還是充滿了無數的 murmur，因為我親眼看見她努力學習做生意的一切法則，上課、讀書、犧牲睡眠……如果不是她本身這麼努力、願意學習，就算她老公是世界第一名師，恐怕也教不會她吧？但轉念一想，他們的好感情，就是因為這樣的全然信賴，互相扶持，才會無論感情及生活都越來越好啊！我朋友願意無私的把好的都歸功於老公，這是一種大智慧，我們要好好學一學！

結婚這麼多年，我不敢說自己多會經營婚姻，但是確實比以前對男人多了許多了解。我發現，一個願意承擔、一個把老婆孩子當成自己的責任的男人，其實是會害怕的，他們比妳還害怕自己做不好、比妳還害怕自己擔不起來，只是男人從小被教育有淚不輕彈、因而無法老實承認自己的恐懼而已。也許我們是

丟開你的 *check list* 吧！

就在前幾年，我上了許多心靈成長課程。我覺得那些課程對於我了解自己、接受自己都很有幫助，可是，每次有人知道我去上這個課，都用一種很不可思議、甚至有點嘲笑的態度說：「天啊，妳上這課幹嘛？」但是，不管她們是戲謔的說我時間太多閒著沒事做、還是迷信這些玄妙的學問，最後沒有一個例外，統統好奇的問我：「欸，那心靈成長課程，到底在上些什麼？」

我想，世界上大多數的人，不管再有成就、再漂亮、或者嫁得多好，沒有幾個人能真正大方而且毫不心虛的說「我覺得我的心靈很健全」吧？我的意思不是說這些人心裡有什麼真正的毛病，而是每個人都會有無力處理自己情緒的時候。以我自己當例子來說，以前的我多麼的在乎別人的看法啊！如果你跟二十歲的我說有一天我會出一本書，把自己的糗事、還是跟老公吵架的事情通通寫出來，那麼我一定只有三個字可以告訴你，那就是「不可能」，因為那時候的我，最希望的就是自己在別人面前，永遠都表現出最好的一面！

可是，這實在是太累了！那時候，我每天花好多時間在檢討自己，一空下來就拚命回想自己一整天說了什麼、做了什麼，一下子覺得「哎呀剛剛在節目上我那句話說得不夠好」、一下子又覺得「天啊早上我記者會時穿的那件衣服不好看」，然後就是不斷的懊惱、不斷的在心裡搥牆壁。我的人生就像是在考試一樣，每一張考卷上有好多好多的題目，就像是一張 check list，要一項一項都做到了、打勾了，才能夠交出一張漂亮的成績單。

可是，計劃怎麼趕得上變化呢？

遇到我先生、墜入愛河不久後決定閃婚，是我想都沒想過的事，而婚後為了求子歷盡辛苦，更不是我能預料得到，至於兩個女兒的教養……像我這樣愛計劃的魔羯女，當然在孩子還沒出生時就開始看很多育兒書，但結果想必大家也料想得到，孩子怎麼可能依照父母的計劃長大？

丟開你的 check list 吧！

結婚生子對一個女人來說，絕對是人生的大事，而這樣的大事居然樣樣沒辦法照著我的 check list 來，當然讓我焦慮得不得了，表面上，我有愛我的老公、可愛的女兒，過著人人稱羨的生活，但私底下，我卻越來越恐慌，情緒起伏不定。選擇去接觸心靈成長課程，對當時的我來說，也是半信半疑，抱著一種「透透氣也好」的心態。可是透過這些課程，我慢慢學會了跳脫出作繭自縛的困境，學會用另一個角度去看自己，最大的改變就是，我發現，事情即使沒能照我原先的計劃發展，但不表示這是一件壞事啊！

後來我漸漸明白，過度在乎別人的看法、過度在乎自己的外在形象，其實是一種「不夠喜歡自己」的心理在作祟，就是覺得自己不夠好、才會覺得用真實的自己去面對很多事情很沒安全感，才會老是要ㄍ一ㄥ出一個「形象」來。

比如說，每次被稱呼為「貴婦 Melody」或者「名媛 Melody」總

覺得很不好意思，因為我其實就是一個家庭主婦，現在也是職業婦女。的確我先生很認真工作，事業環境也有點小成就，但我自己不是含著金銀湯匙長大的，我從小被教育凡事要實際、要努力，在自己的能力範圍裡過日子。確實我的人生中雖然很多時候有多一分幸運，但還是得自己好好把握和努力，跟刻板印象中的名媛和貴婦還是不大相同，總覺得這樣的稱呼讓我感到彆扭。可是別人要怎麼稱呼我，哪是我能夠左右的呢？以前，我會為了無法改變這件事而懊惱、不開心，後來，我學會了「與其把力氣花在抱怨，不如把力氣拿來試圖改變」的道理，試圖接許多不一樣的工作來做，主持、拍戲，希望大家看到我不只是個貴婦；但當我努力嘗試、大家還是叫我貴婦時，我也學會了轉個方向、換個角度去看這件事，才發現，被叫「貴婦」也沒有不好啊，因為我相信每一個女人都可以當自己的「貴婦」！如果大家稱呼我「主持人 Melody」，那麼主持人出外景聽起來像是理所當然的事，可是當我被稱呼為「貴婦 Melody」，那麼上山下海出外景、把自己搞得又髒又狼狽，

親密關係
是需要維持的

有句老話說：「床頭吵，床尾和」，老實說，以前的我對這句話實在是充滿了不解，在我的感覺裡，兩個人有了爭執或不合，一定要藉由溝通把問題講開、然後找出一個兩人都能接受的解決辦法呀，光靠 sex，怎麼可能解決？可是，在結婚十年後的今天，我可以很肯定的說，sex 之於夫妻，絕對是重要的環節之一，如果妳和先生兩個人，再也不發生親密關係了，那麼這段婚姻，遲早會出現問題。

我相信每一個女人在結婚之前，一定都下定了決心，要好好的經營，絕不讓這段婚姻淪落成同床異夢、貌合神離的狀態。可是，下定決心容易，執行起來困難，尤其是當兩個人生活在一起，看遍了對方家常的樣子，可能臉沒洗牙沒刷、可能翹起腳來摳腳皮……熱情會慢慢淡去，肯定是必然的。

可是，比熱情減退更可怕的是，你們之間，不再有異性相吸的感覺了。

很多人會說，他和另一半愛情長跑多年，雖然不像剛交往時那樣熱情如火、或者整天黏在一起，但是兩人之間依舊有著性的吸引力呀！可是，愛情長跑、甚至同居，跟婚姻不同的地方在於，當你和另一半經過了法律的認證，除了愛人、又多了家人的身分後，你們之間，就有很多的「家事」要處理，你們可能會一起商量房子要買在哪裡、家裡要怎麼佈置、年中要怎麼報稅⋯⋯以及各種大大小小的、生活上的問題，久而久之，你會開始覺得對方是個家人，這已經不只是「不再新鮮」那麼簡單的問題，而是很多時候，你甚至已經不再意識到對方是一個「異性」，不是你想不想進行親密行為，而是你根本不會想到那裡去！

而當妳在先生眼裡，只是個「家人」而不是個「女人」，先生在妳眼裡也只是「家人」而不是「男人」時，事情就開始有危機了。誰想要跟「家人」上床啊？哈哈！

我不是說像「家人」不好，事實上，家人之間，擁有的是最強的包容力。就像我們和父母親、或者兄弟姐妹，即使有爭執、會吵架，可是每一次爭吵完後又能和好如初，甚至彼此即使永遠對對方有些不滿、但關懷仍在的原因，因為你們永遠有著切不斷、改不了的血緣關係。但妳和先生之間，並沒有血緣關係啊，原本毫不相關的陌生人之所以能成為家人，不就是因為當初的異性相吸，讓你們決定一起走完這一輩子嗎？夫妻的關係很微妙，從戀人升級到家人，從家人的關係中還得記得當彼此的情人！

這兩年《格雷的五十道陰影》大紅，多少女人被書中那濃烈又刺激的性愛深深吸引、心嚮往之，我的意思不是說女人喜歡SM，而是對一個女人來說，知道自己有使男人心跳加速的魅力，絕對是一種自信的來源；相同的，我想對男人來說，肯定也是如此。誰不想要為了另一半感受到那種澎湃人心的attraction？不管男女，我們都是熱血的，都喜歡感受到被需要

的感覺，被另一個人渴望的那種存在感。之前電視上有個笑話，說妻子洗好澡後圍著浴巾出來，經過客廳要去找吹風機，但丈夫卻目不斜視瞪著電視，非但對妻子的裸體絲毫沒有反應，還叫妻子別擋住他的電視。我相信那個妻子在當下絕對是很傷心的，她不見得想要 sex，不見得是要勾引丈夫，可是當一個女人發現丈夫對自己的裸體毫無反應時，怎麼可能不氣餒？

當然，老夫老妻之間的吸引力，絕對無法和當年熱戀的時候比，因此，額外做一些「努力」是必要的。比如說喝杯小酒、或者計劃一場只有兩個人的旅行、刻意佈置房間、甚至看一些刺激的影片助興……只要能夠燃起兩人的熱情，任何的方法，都應該要去營造、去試試看。

當然，結婚多年以後，對於 sex 這件事，很多時候難免覺得懶，在一起日子過久了，很多環節變得理所當然，懶得去努力、去維持！想當年兩個人連手牽手可能就會有 FU 了，現在居然還

要刻意創造什麼情境，光想就覺得麻煩，倒不如把時間省下來做其他事，畢竟家裡還有好多事沒處理完。可是，就像我們常常說婚姻是要靠努力經營一樣，維持一定程度的熱情、找回彼此的性吸引力，也是努力經營的一部分。更何況，就像我們常常會擁抱小孩來表示我們的愛一樣，有時候肢體語言勝過了千言萬語，妳再怎麼跟先生說「我愛你」「我在乎你」，都比不上身體的接觸來得有說服力。

因為 sex 這件事，不僅僅只是慾望，更是夫妻維持親密的方法，它會提醒你，夫妻是一體的，它會提醒你，你們是因為愛才成為家人，正是因為深深的記住了這一點，我們才有能力去包容彼此的缺點，不離不棄的走下去。

真正的幸福藍圖

有的時候仔細想一想，女人最重要和最大的投資應該就是自己，因為準備好自己，就可以做好多事。人生裡沒有不付出就可以得到成果的事。親情、感情、友情、工作、體態、身心靈的健康……樣樣都需要努力！可是當這些努力已變成妳生活當中很習慣的步驟，妳會得到成就感，也會很 happy！

投資自己什麼呢？我記得以前我爸爸從小就一直告訴我們一個女孩子要不斷讓自己進步、不斷讓自己養好習慣、不停的學習，一定要給自己定好日常的 schedule。當時我和我妹妹們都不理會他，覺得他在嘮叨，是要我們考上哈佛嗎？還是期望我們把鋼琴練到可以當演奏家？我們哪要列出什麼 schedule？我們當時就是學生，schedule 就是上課、回家啊！每一次我們用那種無奈的語氣回應我爸爸的教導，他就會說，以後我們就懂了。

我現在真的懂了，尤其是自己要面臨教導自己的兩個女兒時，更覺得這一番話對他們真的很重要！

女人是很忙碌的，我們一次可以做很多事，我們要精彩的豐富人生，我們要當五顏六色的自己！哈哈！現在的女人要愛情、家庭、事業、友情……可是要怎麼當一個樣樣齊全的女人呢？這當然要靠一些小秘訣，在這也跟各位姐妹們分享：

1）懂得運用自己的時間跟分配空間

有著好姐妹們，喜歡的工作，家庭、私人生活，當然什麼都要是貪心的，但如何取捨是大學問。一天內就二十四小時，該怎麼運用呢？來分享我自己的時間分配好了，早上六點起床幫女兒準備早餐和等她們醒來梳洗、穿衣服，很早是嗎？如果你家裡有五歲和三歲的女兒你應該懂，女孩們出門慢吞吞的，現在對於自己要穿什麼、吃什麼還很有意見！哈哈！繼續，八點出門送上學，接下來我會趁去錄電台節目之前的空檔，去運動或買菜，二選一！比方說 Costco 和傳統市場我都喜歡一大早報到，人少、東西多！我也都是早上運動，據說代謝早上最好以外，你接下來的一整天會精神氣爽，我覺得運動不用太久，

有效的訓練一個小時就足夠了。媽咪們都喜歡快、狠、準！接著回家再進電台，錄完電台如果沒有別的通告就找朋友或 H 出來吃中飯，算是小小放風一下。下午就忙瑣碎的家務事，等著接女兒們放學，回家煮飯、做功課、講故事，陪她們睡覺。我通常都趁她們睡覺以後忙一些自己的事，比如，寫文章、敷臉、上網跟 H 好好聊天之類的。其實我也盡量早睡，因為隔天又是一大早起！妳們有同感嗎，當了媽媽後，每一天晚上只需要睡到約五到六個小時，回籠覺或睡到自然醒也不必留念了，因為不可能！是我老了嗎？我就是每一天六點就會自然醒！哈哈！

這是平日一般的 schedule，如果我有錄影，那就要更緊鑼密鼓了，我曾經一早六點開始滷豬腳，就因為前一天 Fiona 說好想吃豬腳，可是我又有一整天的錄影通告，所以早上就開始準備晚餐。不只是我吧，相信很多職業婦女都有過類似的經驗！媽咪們加油！

2）有自己的目標

單身的女人要有夢想，婚後的女人一定要有自己的目標，這都可大可小，可以很多元。例如當個全職媽媽；投身於工作之中，在職場上追求地位；或者是參加小朋友的家長會委員也好；加入烹飪社團交流或經營臉書、IG 跟大家分享生活的點滴，其實都很棒。我認識一位全職媽咪，投入家庭多年後，練出一手好廚藝，最小的兒子開始上學後，她開始利用白天的空檔在家裡的社區教烹飪課，現在是被不同的主婦社團邀請的烹飪分享者，用不同的新式廚具研發出新鮮美味的食譜講課，完全達到超出自己想像中的成就感。我現在每一次看她 Facebook 的照片都覺得她容光煥發，眼神充滿了自信和喜悅！

夢想是無價之寶，五顏六色的女人是為了自己 do something。

3）當最美的自己

妳可以不承認，但女人心中最在意的就是自己美不美！好了，

我知道，聽起來很膚淺，但哪一個女人不愛漂亮？不希望自己可以好好維持自己呢？我現在講的「美」不是叫妳花姿招展或化大濃妝出門，也不是穿什麼名牌或帶什麼包包，這些都是外表而已！女人應該要有的美是由內而外的，這種美是一個女人的氣質。每一個人的氣質是獨一無二的，但若妳有氣質，妳穿什麼，帶什麼都不重要了。因為妳就會有一種自然的吸引力！要不斷的學習充實自己的內在，注意自己的脾氣和品格，無時無刻要保有一個願意聆聽學習的心讓自己有成長，很自然妳的談吐，舉止動作都會散發出個人魅力。

相對的，女人也要懂得打扮自己，要懂得修邊幅，不要亂七八糟的出門，即使亂也要亂中有序！哈哈！比方說常常會有人問我這麼擁有 perfect hair（其實我稱它瘋瘋貴婦頭，哈）這麼小的事，也被人家發現我很在意我的頭髮，是的，頭髮弄好，就增加我的自信心，把自己弄得「美美」出門會讓我一整天都有好心情！

4）在自己的能力以內，對自己好一些

偶爾給自己一些小小的犒賞，是最好的禮物不是嗎？這個禮物就是一種小小的幸福感，例如跟姐妹淘約喝下午茶，跟先生去享受美食或出去做 SPA，甚至在家裡點蠟燭泡澡都好！懂得愛自己的女人才有條件去愛和被愛！

5）遇到挫折，還是要有最堅定的心

有一句成語「人生不如意事十之八九」是實話，每一個人在他自己的人生都有要修的課，有好有壞，有成功有失敗，有時候就是要不斷的努力和磨練自我，試圖看自己的極限到底在哪？當你盡了所有的力和徹徹底底挑戰過，你會更了解自己，更清楚自己要的是什麼。任何經驗，成就或挫折都只是過程而已。很多事沒有我們起初想的這麼大，這麼嚴重，學到的經驗才是自己的！要了解有得有失，要懂得放得下 and move on.

Ladies，相信我們都曾經編織過公主的夢，覺得棉花糖的世界

很美麗。但越來越成熟，相信我們都明白，幸福掌握在自己手
中，每一個人的那一塊幸福長得不一樣，重要的是妳自己快樂
嗎？快樂生活有時不僅僅取決於金錢，而是我們強大的內在。
我覺得讓我最有幸福感的是日常生活的小碎片，點點滴滴拼出
來就是我的完整「幸福藍圖」，快樂才是真正的寶藏，願你我
共勉之。

CHAPTER 4

聰 明 溝 通 法

別忘記
妳不再是一個人了

前幾天晚上，我在電腦前忙著工作的事情，趕著想快點把工作結束，好去哄兩個孩子睡覺，沒想到我先生卻興高采烈的跑過來說：「妳看，妳看一下嘛，我給妹妹買了一個床圍！」

噢拜託，買個床圍有什麼大不了的，你沒看見我在忙嗎？在他興高采烈的喊我那一刻，我承認，我心裡第一個晃過的想法是不耐煩，可是也就在那一秒間，我轉念一想，如果我怪他沒有看見我正在忙，那麼相反的，我是不是也沒有看見他想跟我分享快樂的心情呢？

就是這麼一個「轉念」，我放下工作，轉頭看了他給妹妹買的床圍，這一看才發現，他買的床圍，真的很不錯啊！不僅僅質料很好、顏色跟妹妹的床單也很搭，這個獅子座的大男人居然能夠放得下身段，去買這些粉嫩嫩的小孩用品，足見他有多麼愛護女兒！然後，我看了他買的床圍，誇獎了幾句，前後不到五分鐘，他就心滿意足的去做他的事了，我也可以回頭繼續我

的工作，其實根本花不了多少時間，說不定我不耐煩的對他吼
「你沒看到我在忙嗎」會讓兩人吵架，耽誤的時間更長呢！

而我為什麼會突然有這種「轉念」的念頭呢？是因為前幾天，
有個朋友幫我算了生命靈數。這個算命方法真是太神奇了，因
為它完全用不著確切的出生時辰，只需要國曆的出生年月日就
可以。算出來的結果，我有很多個一號，而朋友說，這個一號
代表的個性特質，就是「自我中心」。

「自我中心？怎麼可能？我才沒有！」乍聽之下我當然很不服
氣了，不停辯駁：「我覺得我不是一個很自私的人，也會主動
為別人著想，怎麼可能自我中心？」
「我當然不是說妳自私。」朋友笑著解釋：「我是說，妳可能
有很多想法、是個很有主見的人，只是這樣子個性的人，有時
候急起來難免就會忽略別人的感受，結果不僅讓別人覺得妳很
嚴厲，妳也會覺得別人都不理解配合妳，而感到很孤獨。」

那天跟朋友聊天完後，我回家一直在思考朋友跟我說的一號人的特質，越想越覺得，天啊，這種要求過高、自我意識很強、老想把事情照自己的計劃編排好的性格，不就是「gone girl」嗎？

當然，我的意思不是說有自我意識不好，如果妳還是單身，那麼有主見很好、有自我意識也很好，因為那樣的話，妳才可以對自己的人生有所規劃，並且有力氣去執行、也有勇氣去堅持。也因為我有這樣的性格，所以大部分的人都認為 Melody 是個很有想法、有個性、很聰明的女生。可是這些在單身時很棒的優點，帶到婚姻裡，卻不一定有幫助，因為結婚代表的是妳和另一個人「合夥」去創造一個幸福的家庭，既然是兩個人一起合作，那絕對不可能什麼事都以妳為第一優先。說真的，在談戀愛的時候，女生只要稍微發發脾氣、或者撒撒嬌，男生大部分都會讓步，可是如果妳期待到了婚姻裡，老公還會事事讓步的話，那就太不切實際了！

就像我有個朋友的老公非常愛看棒球比賽，但她本身卻是那種連最基本的規則、什麼是三振什麼是盜壘都不懂的那種。可是因為老公愛看，於是她就陪著老公去看，不僅陪著去，還十分投入的拿著加油棒不停揮動、替老公支持的球隊加油，喊到嗓子都啞了。這樣的事情對很多自我意識很強的女人來說，根本是天方夜譚，我們會想「為什麼是我陪你去看球賽？不是你陪我去做我想做的事？」甚至會想「為什麼我要改變自己去遷就別人？」可是我這個朋友卻是一個很有智慧的人，她告訴我，她這麼做的原因是因為老公開心了，家庭的氣氛就會好，而這個家好，她就會跟著好。她並不是一味的退讓而去遷就別人，而是為了維持她一手創造的家庭的幸福而努力。

我常常在想，現代的女人或許是獨立久了，因為太習慣於自己照顧自己、自己處理所有事情，所以要放下「自我」，變成一件很困難的事。可是，妳既然選擇了婚姻，那麼就得學會把「我們」放在「我」前面，把「家庭」放在「自己」前面，這不是

對事實睜隻眼
對疑心病閉隻眼

有時候跟一些女生朋友聊天時，常覺得現在有很多女生都很矛盾，我們常喊著要自由、信賴、有彼此空間、喊著要好好去認識朋友，談場舒舒服服的戀愛，可有時候，卻又做出完全相反的事情。

譬如說查勤好了，因為被電視新聞、八點檔嚇壞了，或者是周遭朋友跟一些戀愛舊傷痕，變得看到黑影就開槍，喔不，甚至有時候，只是憑想像，連影都還沒看到，就跑到很遙遠的地方了。

可是那種因為害怕受傷、所以懷疑別人、懷疑自己、甚至懷疑一切的心情，我想很多女人，不，每個人多多少少都有的。這些累積有時不單是因為戀愛，有時甚至是成長過程裡，因為父母的互動，所埋下的小影子。當然，這樣的負面情緒表現，女生多數比男生嚴重些。這種「疑心病」的帶原，特別愛在女生情緒低落、甚至是經前症候群時，懷疑的細菌就悄悄的在心裡開始繁殖，然後，妳耳邊就會出現一個惡魔般的聲音，在對妳

煽風點火，惡魔會問妳：「妳男朋友是真的很愛妳嗎？」惡魔會問妳：「妳先生對妳真的忠誠嗎？」當這個聲音揮之不去時，妳再怎麼告訴自己「不要胡思亂想」，都還是會忍不住在心裡一一檢視妳和另一半最近相處的狀況。而當妳開始這樣做時，我告訴妳，完了。

為什麼說完了？因為妳又沒有在對方身上裝監視器，肯定有很多時候妳是不知道他在幹什麼的，妳怎麼可能百分之百確定他的忠誠呢？當這個神經質小因子開始發酵，它們會跳得比跳跳糖還活潑，扎啊扎的，霹哩啪啦的在妳心頭作響，妳非得幹點什麼才甘心，才舒爽。

到這，妳一定會想，哇 Melody 妳怎麼形容得這麼貼切？那不是因為我厲害，是因為我自己有時候也會犯下這個毛病。有時不就是這樣嗎？有時很多缺點妳明知道不好，還會努力地勸朋友不要這樣做，可是！這種事卻常常在自己身上發生。所以，

有時我在電台跟大家分享些感情婚姻生活觀時，H 聽到常常會故意笑我說：「這女生說得很好耶，妳認識她嗎？」沒錯，即便我都知道什麼該做什麼不該做，也常常情緒一來了就瞬間忘光光，真是糗死了。

有一次我回 LA，H 借了我一隻他不常用的手機，給我的時候，他並沒有做什麼整理，裡面都還是他的通訊錄、行事曆等等。當時我還記得我自己覺得我老公真好，都沒有什麼防備之心，也沒在怕他老婆看他電話，好 man！於是自己就很自然的去翻看他的 contact list，突然就看到一個很詭異的「KTV Mama」！我當時覺得好笑，什麼 KTV Mama？轉身給我身旁的姐妹淘看，她大笑說：「H 真的很絕！連酒店媽媽桑的電話都存起來！」Oh my God！我恍然大悟，原來是那種「KTV 媽媽」！我突然火冒三丈，臉都開始發熱，心想好啊，看我怎麼修理你！我冷靜的開始想策略，看時間，現在不能打越洋電話給他，把他吵醒，我就等他醒來打給我（這是他習慣）。於是，我就

忍住，提醒自己「閉嘴」要先沉得住氣。後來我想，不對，等他打來我也不能破口大罵，畢竟是我看他電話通訊錄，既然他把電話借給我，他就是不怕我看，但夫妻之間是有信任的，不能輕易沒搞清楚狀況前就先露餡！你看，我內心戲有多少？女人的疑心病好可怕也好累人！哈哈！

Anyway，我就選擇閉嘴、放空等他打來。他打來時，聊了一會後我就很輕描淡寫的說，「H，以後你電話給我前可先把一些奇奇怪怪的號碼刪掉嗎？」他很疑惑很小心的問，什麼叫做怪怪的號碼？我說，例如 KTV Mama。我沒有誇張，這個時候他大概安靜了十秒以上，他說他聽不懂我在說什麼。

啊？！還想裝傻，撇清？！這個時候，我那已經忍了一整天的氣又上來了，再也無法閉嘴了！你可想而知我回他的內容可能不太適合寫在這裡，總而言之，H 脾氣真的很好，他讓我發洩完以後，就很平靜的問我，「Mel，妳看清楚，我那個號碼是寫 KTV Mama，還是 KTV Mom？」哼！還想狡辯！我氣呼呼的又打開來看了一次，的確，是寫 KTV Mom。換我安靜了，

H 接著說，「KTV Mom 是媽媽（我婆婆）去唱歌的卡拉 OK，因為那裡訊號不好，有時候聯絡不到媽媽，我就把店裡的電話留起來了。」當下我真的覺得糗呆了，完全不知道該接什麼話，糗大了！於是這件事就讓我閉嘴很久，偶爾也會被 H 拿出來取笑我那次的二百五！

這種疑心病和醋勁三不五時就會在我身上發作。女人嘛！我們本來就很敏感，尤其對我們愛的人，有的時候也會覺得沒安全感，是不是？偶爾，碰到一些狀況我們會開始懷疑，「他是不是不愛我了」，會胡思亂想「他是不是有小三了」……而這時候，我們就應該要提醒自己：不要想那麼多，睜一隻眼、閉一隻眼吧！

我的意思不是說妳先生已經把小三帶回家了，妳還要裝作沒看到，而是妳要學會對看到的事實睜隻眼、對自己疑心病閉隻眼。很多時候根本沒事，但這種疑心會讓妳嚇自己，越想越多。

當這件事只是妳的懷疑時，千千萬萬要學會克制自己，除非有證據，如果是沒有的事，他是清白的，妳的疑心病卻會傷害彼此之間的感情。可能妳翻遍先生手機、電腦，最後證實了他並沒有那個小三，卻也傷害了彼此之間的信任，或像我發生讓自己很糗的故事！

兩個人在一起，信任是非常重要的事。我常常覺得，信任就像是圍著幸福天地的柵欄，如果自己沒事找事去破壞它，即使你事後把你敲的洞補上了，它還是裂痕，久而久之這個柵欄就要換了，是不是？我們都害怕受傷，所以都希望這道柵欄夠堅固、夠牢靠，但如果你因為疑心柵欄夠不夠堅固，有事沒事就自己拿榔頭去敲，最後你會發現，用不著外敵來襲，你的疑心病，會親手由內部將這道柵欄徹底毀壞。這種由裡到外的崩解，恐怕就再也無法修補了。記得，我們最大的智慧就是要懂得好好珍惜保護我們的那一個「柵欄」，這樣，那屬於我們的幸福天地，才會綠意盎然，不是嗎？

在婚姻中、在人生中，我有一個最大的體會，就是如果你想讓自己變得更好、讓日子過得更幸福，有六字訣是一定要努力去做的，那就是「別抱怨，去改變」。像以前我媽媽那一輩的女人，對於生活中所有的不如意，她們只能選擇忍，因為在她們從小所受的教育裡，對丈夫就是應該要順從、對婆婆更是應該要言聽計從，所以即使心裡委屈，她們也不敢做任何事去改變狀況，久而久之，你會發現老人家總是在抱怨。而說真的，即使你知道她辛苦了一輩子、忍耐了一輩子，但是，有誰愛聽那些陳年老調的抱怨呢？

所以，在我踏入婚姻前，就下定了決心，如果我有什麼不滿、或者覺得不如意的地方，一定要想辦法溝通或改變。可是，這做起來，真的需要很大的勇氣！

還記得有一次，有個朋友從國外回來，因為朋友難得回台一次，我們早早就約好了要見面、也訂好了餐廳，可就在約定的

日子來到的前一晚，我先生卻感冒了！雖然朋友難得回台灣一趟，他也很想去見見這位久沒見面的好友，但他發著高燒，整個人軟軟的沒有力氣，當然不可能如期赴約。於是我只好先幫他準備了中餐，想說我去吃個飯，很快就回來。

可偏偏就在這短短的兩個小時間，婆婆突然打電話到我家了！我先生聲音又啞、鼻子又塞，婆婆當然一聽就知道他感冒了，一問狀況，就知道他還發著高燒、整個人縮在被子裡昏睡，然後婆婆就問：「那 Mel 呢？」
而我那少根筋的先生，居然回答：「她跟朋友出去吃飯了。」
兒子發著高燒，而媳婦居然把他丟在家裡自己跑出去玩，婆婆當然不是很高興。可是當我後來知道這件事後，我卻覺得又生氣又委屈，因為我只不過出去了兩個小時，而且在我出門前，也已經替先生準備好了午餐！

一開始，我心中是充滿了許多抱怨的，對於婆婆沒有跟我求證

過、就認為我是那種只顧著出去玩、把生病老公丟在家裡的人，我覺得傷心；對於我先生說話不經大腦，也不想想他一句「Mel 跟朋友出去了」而不把事情講清楚，會造成多大誤會，又覺得憤怒；雖然這只是一件小事，但對於那時剛結婚、還覺得婚姻生活就是戀愛的延續、應該要甜甜蜜蜜的我，真的算是不小的打擊。

我可以找朋友抱怨、甚至回娘家抱怨，可是我想了想，還是決定冷靜下來，把事情在心中整理清楚。這一冷靜下來，我才發現，其實這件事從頭到尾都是個誤會，並沒有誰真的有錯啊！婆婆是先生的親生媽媽，她心疼兒子是理所當然的事，要是她不心疼兒子，事情才更糟糕呢；至於我先生說話不經大腦的毛病，我又不是第一天知道，雖然有時候是會被他的粗心大意氣得頭頂冒煙，但要是他變成一個說話時很會算計的人，難道會比較好嗎？

更何況，這只是一個攤開來解釋就能化解的小誤會，為什麼不把抱怨的時間拿來解決問題呢？

所以，我就找了個機會，告訴婆婆那一天的狀況，而在把事情說開之後，我突然覺得整個人輕鬆了起來、也覺得自己為了這麼一件小事糾結了那麼多天，真是太不值得了！也就在那個當下，我突然明白，抱怨雖然是一種情緒的宣洩方法，但有些時候，一直重複自己的委屈（不管是跟別人重複、或是在心裡跟自己重複）就像是一直去摳自己的傷口一樣，常常是越抱怨越生氣、越抱怨越委屈，最後只會讓心中的不滿像滾雪球似的越滾越大。

又或者像我的朋友 Anna，她先生的薪水還不錯，她自己也有在工作，既然是雙薪家庭，經濟比較寬裕，雖然先生家裡吃穿用度不需操心，她老公還是覺得要盡孝道，每個月固定支出一筆不少的費用給公婆。Anna 當然對這決定很贊同，畢竟公公婆婆

辛辛苦苦把先生拉拔到這麼大，回饋父母、略盡孝道絕對是應該的。可是問題就出在她先生並不是一個對金錢很有概念的人，每個月把薪水全數交給 Anna 後，整個家就是 Anna 在打理，對於水電瓦斯管理費、還是小孩子上學要多少錢，先生一概統統不知道，只覺得自己薪水又不少，買很多東西時刷卡都不眨眼。

Anna 並不介意先生這樣，畢竟夫妻沒什麼好分你我的，但讓她悶的是，她先生這樣大手大腳花錢的態度，在婆婆眼裡，卻是 Anna 無所事事，成天只懂得跟先生享樂。於是，婆婆動不動就對 Anna 耳提面命，說先生賺錢辛苦，當老婆的應該要懂得理家、懂得節省，別讓先生太勞累。本來 Anna 想就這樣算了，反正也不是老跟婆婆見面，她也不想讓她先生小豪沒面子。

直到有次小豪在外頭請客，聊得興起，想起在婆婆家看過一瓶五大酒莊的紅酒很不錯，興致一來，就叫 Anna 去問婆婆在哪買的，也去買一瓶。當 Anna 打去問婆婆這酒要去哪買時，

婆婆立刻語氣一變開始數落 Anna 不懂事，先生賺錢辛苦，他要買那麼貴的東西請客，當老婆的怎麼不勸？

Anna 說，她當下真的很想對婆婆大吼：「妳兒子的個性妳又不是不知道，我勸得動嗎？」但又覺得不可以這麼失禮，還是忍耐一下就過了，可婆婆在那邊罵得淋漓盡致一刻不停，讓她越想越不對勁，這不是在家被父母叮唸，有時候當耳邊風聽了就算了，更何況這還是個莫須有的罪名！她在那一刻突然發現，要是不把話講開、把事實告訴婆婆，她恐怕得要一輩子扛著這個「不會理家」的罪名！而她最後也會變成拚命跟朋友們抱怨的女人，這樣實在太不健康，也太不可愛了！

這麼一想，她就決定把自己的苦衷通通如實的說出來，她冷靜地跟婆婆說：「媽，說真的，我跟小豪的薪水加起來就這麼多，小豪個性海派，有時候朋友多喜歡熱心招呼朋友，也喜歡享受生活。其實這些年來，除了拿給妳的錢，他剩下的錢都是當作私人交際開支，家裡孩子的學費、房貸跟雜支，幾乎都是我

在付的。我並不是要跟小豪分你我，我們是一家人，本來就要一起打拚，孝敬你們也是我們該做的……可我真的沒有沒把心思放在家裡，也不是不理家……」在她講的過程中，婆婆一直沉默著，並沒有說什麼，兩人帶著尷尬的氣氛草草掛了電話。一個禮拜後，婆婆主動打電話給她，雖然沒說什麼道歉安慰的話，卻說了她這星期完全睡不好，心裡一直掛著這件事。在下個月小豪再拿錢回家時，她把一半的錢退了回來，跟小豪說，要好好照顧太太跟孩子，其實為人父母的收到心意就很開心了，孝心適量就好。

當然，這些都是婆婆很明理的例子，可是我要說的是，如果妳光是抱怨、光是害怕，妳不去跟婆婆、或者那些讓妳感覺不舒服的人試圖溝通、試圖講道理，妳怎麼會知道別人明不明理？我第一次和婆婆溝通時，緊張得心臟砰砰跳，比第一次上台還要緊張，而我想 Anna 和婆婆坦誠時，一定也曾恐懼過婆婆會覺得這個媳婦愛頂嘴。可是，如果妳不去試，事情永遠不會有

轉機的。

其實，生活中有很多讓我們抱怨個沒完的事，我們不見得真的
沒有能力去解決或改變，或許需要努力、或許需要勇氣，但絕
不是毫無改變的可能性的。比方說，如果你覺得夫妻很久沒有
出去玩了，那為什麼你不去計劃一個小旅行呢？甚至在職場
上，如果妳因為身兼主婦，工作有時需要幫助時，為何不主動
開口呢？有時，一直停在原地抱怨、而不試圖去改變的原因，
或許是因為我們都會賭一口氣吧？或者是太害怕就想要用鴕鳥
心態躲一躲就過了。

很多時候，我們都會覺得事情又不是自己的錯、又不是自己一
個人的責任，為什麼要從自己先開始改變？但不管是誰的錯，
或者誰的責任，你要記住，現在的你就是不快樂，那麼，為了
讓自己快樂，我們就要想辦法去改變，因為不改變只會苦了自
己。既然這是你的人生、你的婚姻、你的幸福，當你改變了這
一切，讓事情變得更好，最後自己也能過得更快樂。

跟婆婆溝通的勇氣

說到婚姻，我想女人的煩惱除了如何維持兩人的感情、對未來的規劃、小孩的教養問題等等，最恐懼的一環，恐怕就是「婆媳相處」了！那麼多韓劇、台劇都在演婆媳問題，雖然難免誇張了些，可是能有那麼高的收視率，表示就是有那麼多的婆婆媽媽們對此感同身受！我們當然都希望能跟婆婆好好相處，但如果妳曾經希望婆婆成為妳第二個媽媽的話，我想先問問妳們，可曾有勇氣對婆婆說出心底話，像對自己媽媽那樣呢？

我相信很多人一開始也想過要坦率溝通心裡想說的話，但受到一些談話性節目和現在 Facebook 那些分享著一些婆媳之間不愉快的社團影響，導致被那些故事嚇壞了，戰戰兢兢的，深怕到時一個沒處理好，也會像那些節目上或者網友分享的故事一樣難熬。

的確，結婚有時是融入另個家庭，會發生什麼事情很難預料，我也聽過有朋友是婚前處得很融洽，婚後卻發現溝通起來不是這麼回事。

不要說妳們，就連我婆婆這麼開明大方、又懂得生活，剛嫁過去時，有時想要跟她聊些我的想法都不好意思。譬如婆婆很喜歡準備像是對身體很好的麻油腰花，可我一點都不敢吃，只是每次想開口時，都想到婆婆是想體貼照顧我的身體，但我怎樣都不敢跟她說。連這麼簡單的事情我都要躊躇半天，怕我辜負她的一片好心。

當然，還有一個原因，是跟婆婆再怎麼親，跟在家裡與母親相處，是不同的。
別誤會我的意思，不是說婆婆一定不會愛妳、不會關心妳，我的意思，要拿捏溝通的尺度的確是一門大學問。

我們跟原生家庭，是一種血脈相連的關係，妳的 DNA 有一半承襲自媽媽，小時候媽媽可能不只一次痛打妳一頓屁股，但她還是妳的媽媽，而妳一定也經常在情緒不好時對媽媽亂發脾氣，但妳還是媽媽的女兒……我的意思是，親生母女之間的

關係是無論如何也斬不斷的，妳可以對媽媽亂發脾氣、妳可以對媽媽耍任性，但對婆婆——別說是婆婆，只要是對媽媽以外的其他人，妳怎麼可能這樣做？

而在這拿捏分寸之間，有些人怕失禮了，只想維持跟婆婆親暱感情好的那塊，卻不敢溝通，而這些事情久了，反而會意外變成陌生的「隔閡」！家人怎會有不溝通的呢？許多人會想把溝通的責任放在先生身上，希望先生能夠幫手，做為妳和婆婆之間溝通的橋梁。可是說真的，這絕對是錯誤的希望——別說先生當夾心餅乾會有多可憐，妳是他太太，妳當然希望他幫妳，可婆婆是他母親，當然也希望辛辛苦苦拉拔大的兒子能站在自己這一邊，這也就是說，不管兒子幫誰，一定會有一方覺得委屈！

更何況，妳已經嫁給了這個男人、進入了這個家庭，婆婆又不是妳只會見一次、兩次的人，而會是妳終生的婆婆，如果妳不

靠自己，建立和婆婆的溝通方法及管道，難道妳要靠先生傳話一輩子嗎？

我的好朋友 Abbie，前陣子就遇到這個困擾，一天我跟她還有從紐約回台灣度假的 Tina 一起吃飯。Abbie 那天講起了最近跟婆婆的困擾。

Abbie 就屬於凡事以和為貴，就算有不開心的事情聽聽就算了的人。其實這樣的態度用來處理日常生活是好的、是安穩的，她不像我有什麼事情，老希望溝通清楚。不管是在家裡、工作上甚至是小朋友的學校，我都覺得，以和為貴是很棒，但在以和為貴的狀況下，還是應該好好溝通清楚，講出自己的想法，才是讓事情順暢的方法。

但她最近遇到個問題，頭幾年跟她感情都很融洽，只是偶爾會讓她小不舒服，但一下就過的婆婆，有個疙瘩卡在那——就是自從兒子小 V 出生後。

小 V 是他們家第一個金孫，婆婆疼愛得緊，三天兩頭就來看小朋友。小 V 也算是乖巧懂事，可直到他三歲的某一天卻不知道是怎麼了，怎麼樣都不肯叫奶奶。甚至突然開口說他「不要奶奶」，想當然，奶奶當然覺得傷心極了，每次都不斷的問「為什麼不要奶奶了」，甚至到後來，居然偷偷跑去問 Abbie 家的保母，說：「是不是他媽媽教的？」

當時我聽到了也很吃驚，覺得很棘手，小朋友有時候突然會耍一些小脾氣，他不是故意的，但不及時處理，的確會造成大人的芥蒂。畢竟奶奶這麼疼愛孩子，如果我們家兩個小寶貝也這樣鬧脾氣，即便是我的婆婆很清楚知道小朋友只是不懂事，心底也會難過。

這時作風洋派的 Tina 很酷地說了：「下次妳婆婆再問孩子為什麼不要奶奶時，妳就當著婆婆的面教孩子不可以這樣說！」
「這樣不好吧？」Abbie 聽到了很猶豫：「這樣婆婆會不會覺得

我是在演戲給她看啊？」

「Tina 說得沒錯耶！」Tina 的想法我倒是贊同：「妳放任孩子
在那裡說『不要奶奶』卻不發一詞，婆婆看了也會難過吧！」

Tina 看 Abbie 猶豫，就分享了她的故事。

Tina 婆婆有次到美國看孩子，他們家兩姐弟不知道在玩什麼
小朋友的怪遊戲，也不理會奶奶。當然有可能是因為不常見所
以會害羞，但奶奶的興高采烈像被潑了冷水一樣，Tina 的先
生也當然不高興了，畢竟媽媽千里迢迢從台灣到美國去看兒
孫。於是不斷的催促大女兒先叫奶奶，可是小孩子有時候就是
越被兇、越鬧彆扭，怎麼樣都不肯叫，婆婆於是說了：「哎，
現在的孩子跟以前的都不一樣了，想當年我帶你們三兄弟，每
一個都很乖很聽話！」

Tina 說，當下婆婆的話讓她感到刺耳，幹嘛大老遠來了，一落

地就要指使她教小孩不對，心想，孩子真的還小，其實如果不要一直專注在這點上，過一會就會好，一直強迫他們反而更尷尬！但後來想想，婆婆只是對兒孫們不叫奶奶感到有些失落，而且在那個氣氛越來越尷尬的情況下，不得不說些什麼吧？可是，媳婦和婆婆好像是上輩子的情敵一樣，不管是哪一方無心說了什麼，另一方總懷疑有什麼弦外之音。

但她後來告訴自己，無論婆婆說那句話是什麼意思，孩子們不肯叫奶奶就是不對的，而且還姐姐帶弟弟的笑鬧，奶奶過去抱，他們兩個小傢伙就往另一頭跑！於是就氣呼呼的把兩個小孩，一個抱著一個牽著，拉進了房間，而那時的情景她現在回想起來，覺得真像是在演八點檔！當她氣沖沖地帶著他們進房間，婆婆這個時候跟在後面會喊：「Tina～他們還小不懂事，妳不要打他們～」而她則一邊關上房門，一邊安撫婆婆說：「媽，我不會打孩子，我只是要跟他們溝通」……然後小孩子其實比誰都會看人眼色，進了房間，Tina 沒有罵、也沒有打，

只是跟他們說「奶奶來我們家，你們不叫人，很沒有禮貌，尤其是姐姐，妳怎麼可以帶著弟弟調皮？！這樣奶奶會傷心。」於是兩個小孩出去以後，立刻就乖乖叫了奶奶。

Abbie 聽了卻瞪大了眼睛說：「天啊，妳怎麼敢？」
Tina 說，對她而言，這樣的處理方式其實就是「小孩沒有禮貌，我把他們帶開到旁邊講，避免讓小孩子覺得在很多人面前挨罵傷了自尊」這麼簡單而已。

聽完之後，我覺得 Tina 真的是位 EQ 很高的女生，她沒有讓多餘的負面情緒糾纏她太久，甚至也立刻化解了婆婆的不開心，真的是很棒的方法！

Abbie 聽完了 Tina 的分析跟我的鼓勵，覺得 Tina 的方法很有道理。可是想到要跟婆婆正面交鋒，她就是猶豫得不得了，想了半天還是先跑去問先生，可不可以請先生幫忙向婆婆解釋她

沒有叫小孩不要奶奶，而她先生想了想則告訴她，如果婆婆沒有那個意思，出動先生去特地解釋，反而顯得是我朋友把婆婆想得太壞，而如果婆婆真有那個意思，先生出面幫手，更會讓婆婆覺得這個媳婦不僅霸占了孫子、也霸占了兒子！

後來她終於鼓起勇氣，在孩子又在那裡說「不要奶奶」的時候，發了脾氣，訓斥兒子「怎麼可以說不要奶奶」，果然奶奶立刻心疼孫子被罵，又忍不住要幫孫子講話，就再也沒有在媳婦面抱怨孫子為何不要她。然後過了一、兩個禮拜，小孩子鬧完彆扭了，又跟奶奶親親熱熱的抱在一起。

跟 Tina 和 Abbie 比起來，我非常的幸運。我婆婆是個開明明理的婆婆，她很活潑很活躍，思想很年輕，很漂亮，我很幸運可以跟我婆婆直接溝通很多事情。

可是即便像她這樣接近一百分的婆婆，我們還是有要溝通的

時候。前面也有說到剛結婚的時候，我老是什麼都不敢講。小朋友出生後，我從不給小朋友吃糖，我覺得不健康對牙齒不好！記得以前我婆婆看到我女兒就喜歡給小朋友吃巧克力，其實沒什麼大不了的，相信你們很能夠體會老人家會這麼做也是好意，小朋友也遲早會吃到糖果。偏偏我就是一個在一些點上會非常執著的人，哈哈！剛開始我也是什麼都不敢講，只敢在背後狂跟 H 使眼色。後來我鼓起勇氣跟婆婆說之後她不但沒生氣，還很贊成！

在這裡讓我大笑三聲～哈～哈～哈！！說話有的時候還是要一點技巧的！

當時我是這樣跟婆婆說的：「媽媽，給小朋友吃一點就好了。妳知道嗎？最近新聞說小孩不能吃太多糖份，會造成她們太興奮，sugar high，我後來發覺是真的！每一次我們家兩個小妞吃了糖或巧克力蛋糕什麼的晚上就不好好睡覺！唉～可憐的 H 早上要上班，一晚上一直被女兒吵醒，他真的好累喲！」從今

以後我們就很少見到巧克力和糖果了！

另外還有一個很可愛的例子，這幾年我覺得 H 工作這麼辛苦要開始多多注意養生，所以有些油膩食物不讓他吃，特別是他最愛吃的魯肉飯。
但有一次家庭聚會，我先生說出了：「我每天中午都會吃魯肉飯！」我驚訝地看著 H，這時我那超可愛的婆婆卻趕緊說：「Melody 不是我喔！我沒有跟他去吃魯肉飯喔！我都叫他去吃沙拉去吃清淡的。」

妳看，婆婆沒那麼恐怖，有時候她知道妳在意什麼東西，還是會用同理心支持妳、尊重妳。
但也不是說我是百分百的媳婦，像有一次我也不小心疏忽了，在家族聚餐時我看到主位剛好是冷氣出風口，就立刻跟婆婆說：「媽，妳坐另外一邊。」當時婆婆回我說：「我坐哪，我自己決定。」

當下我也覺得很無辜，怎麼平常開明的婆婆突然語氣嚴厲了起來。後來想想我才發現，啊，是我失禮了。這邊這麼多親戚朋友，我怎麼能「指使」長輩坐哪，即便是好意，當下的確是我不對。從此我就把這事掛在心底，特別注意。

婆媳之間相處，不就是互相記住這些生活小細節嗎？（不，不只是婆媳，其實對夫妻或其他長輩也是如此）

不管怎樣，重點就是誤會要解開，不要攔在心底發酵。大部分的婆婆沒那麼難溝通，是我們一想到「婆媳溝通」這門課題就害怕了，因為害怕，我們會下意識的逃避，怕表達了自己的意見就被當成惡媳婦。所以很多時候，女人只會選擇忍耐，忍到一肚子委屈，卻沒想過其實婆婆說不定很願意傾聽妳的心情；同樣的，大多數的婆婆會用那種迂迴的、讓人覺得意有所指的方式講話，其實很大部分的原因，也只是因為她們怕表達了太多意見會被妳當作挑剔的惡婆婆，才不敢直接跟妳說。

我想，走入另一個家庭、和先生的父母、甚至兄弟姐妹相處，絕對是不容易的事，畢竟大家來自不同的環境，有不同的習慣和思維，但是有意見不說出來而選擇死忍、或者想依靠別人幫妳傳達，長久下來一定會造成問題。想要有一個好溝通的婆婆，就請先當個敢溝通的媳婦吧！

前些日子和婆婆一起吃飯，餐廳的食物很棒、甜點很好，我和婆婆聊著兩個女兒的趣事，氣氛好的不得了，然後當話題慢慢從女兒轉到先生身上時，婆婆突然無限愛憐的說：「哎，Melody，妳看 H 頭髮都白了！」

當下我一愣，心想：「是我做得不夠好嗎？為什麼婆婆突然這麼說？」但一轉念，告訴自己：「Melody 妳不要緊張，不只H 有白頭髮，妳也有不是嗎？婆婆只是在表達她對兒子的愛而已，畢竟當媽的，哪有不心疼自己的孩子的呢？」

婆婆並不是第一次說這種話，每次只要覺得 H 辛苦，心疼他工作繁忙時，總是提起 H 又長了白頭髮，看起來很煩惱。我是個個性很敏感又很怕事情做不好的人，所以剛結婚一兩年時，聽到這話，總是覺得是不是在暗示我不懂得照顧先生，才讓先生辛苦到連頭髮都白了。可是當我已經結婚十年、也生了孩子、當了媽媽以後，我終於明白了一件事，那就是：自己的小孩

不管已經長得多大，在當媽媽的心裡，永遠都是一個需要照顧的孩子！而媽媽心疼自己的小孩是天經地義的事，那絕不代表她在暗示媳婦委屈了兒子。相反的，婆婆告訴妳這件事，只是認為身為妻子的妳，也會和身為母親的她一樣的愛她兒子、心疼她兒子而已。這非但不是妳和婆婆暗中較勁的時刻，反而是拉近彼此距離的機會，因為妳們就是因為深愛著同一個男人，才成為婆媳。

我的婆婆對 H 更是疼愛有加，畢竟那是她唯一的兒子，當初剛認識 H 時，也是欣賞他又孝又順的對待我婆婆。有一句話說孝順的兒子會是一個好老公一點都沒錯！有一次我在一家餐廳跟朋友吃飯，正好遇見我婆婆跟 H 也在吃飯，我很開心的打完招呼後回到我座位，身邊的一群姐妹淘還竊竊私語，「妳婆婆跟H 單獨約吃飯？」「他們沒叫妳一起妳不會吃醋啊」「妳不用過去跟他們坐嗎？」
我覺得我朋友的問題很好笑，我當然不會吃醋，我還很開心呢！

其實 H 平日經常趁午休時間陪我婆婆吃飯，他們問我要不要一起去的時候，我都會婉拒，因為我覺得 H 跟媽媽也需要自己獨處的時間和空間。H 結婚後忙工作，先是多了一個老婆，後來又多了兩個上輩子的情人，能好好陪媽媽的時間變少了。週末也都是我們大家一起，有的時候婆婆可能只想跟 H 說說心事，H 也可能想跟婆婆單獨聊天，誰說母子倆不能約會？我覺得 so sweet！尤其自己當了媽媽以後，我懂了，也更能體會跟孩子獨處的重要性。

很多人說，爸爸是女兒的前世情人，所以總是疼女兒疼個要命，有多少爸爸在女兒還在念幼稚園時，就已經開始摩拳擦掌準備要痛揍以後妄想追他寶貝女兒的臭男生一頓。像我爸，除了第一次看到 H 就喜歡得要命，但以前有男生追我時，他的確總用五百倍以上的放大鏡，仔細觀察那些人，耳提面命的。所以相對來說，婆婆對兒子特別愛惜，也是媳婦應該體諒的事。所以，想要避免婆媳問題，很重要的一件事就是：不要在婆婆

面前數落妳的先生，更要讓婆婆知道妳很照顧妳的先生，跟她站在同一陣線，婆婆才會放心。

而最近發生了一件事，更讓我篤定了這個想法。

我有一對夫妻朋友，他們結婚才不到半年，丈夫每次講起妻子，就是「唉，她喔，我都不想再講了」的不耐煩口氣，可是他們的感情，本來是很好的！這個男生呢，本來非常非常的寵愛他的老婆，他老婆既不用上班、也不用煮飯做家事，每天都很自由自在、可以做自己的事。

有一天，這個男生的媽媽來訪，太太突然想上廁所，卻發現廁所裡沒有衛生紙，從廁所出來後，就一直責備老公「你不知道沒衛生紙了嗎」「用完怎麼不補」「你這習慣很不好欸～」不停地 murmur，聽說婆婆當場是沒有說什麼的，可是類似的事情發生幾次後，先生對太太的態度，就明顯的冷淡了下來。雖然

沒有證據證明這個婆婆曾在背後說過媳婦壞話，但大家稍微想想，就知道那情況有多尷尬吧！衛生紙沒補其實是一件再小不過的事，就算是再生氣，又何必當著婆婆的面窮追猛打的數落老公呢？連我這個不相干的外人，第一個想法都是「妳既然沒上班，難道連補衛生紙都要叫老公做」，更何況是男生的媽媽？將心比心，如果是妳的兒子娶了一個這樣的老婆，妳不會替兒子叫屈嗎？

每一個女人都希望先生能夠寵愛自己，可是「天下父母心」的感受，真的是在我自己也生了孩子之後才明白。先生疼妳，什麼事情都捨不得妳做，是妳的福氣，但相對的，在他的父母面前，也是要讓他們安心不是嗎？理智上，我們也知道，比較愛的那一方，注定要付出多一點，那是沒辦法的事，但在情緒上，如果我的女兒將來跑去談這麼辛苦的戀愛，我怎麼可能會不心疼呢？

我想，夫妻之間的事，只有當事的兩個人才能解決，如果有第三個人插手，往往只會把情況越搞越糟，所以一個有智慧的婆婆，是不會對著兒子的婚姻指手畫腳的；可是相對的，一個有智慧的媳婦，也該了解對方父母的辛勞，不要在婆婆面前指使先生，讓婆婆覺得心疼，也不要在婆婆面前數落先生，造成婆婆不知道該開口調停、還是旁觀就好的尷尬。

當婆婆不在場時，要怎麼跟先生溝通，柔性也好，當個河東獅也罷，那是你們夫妻之間的相處模式，彼此 OK 就好，說不定妳老公覺得這樣很有情趣呢。但在婆婆面前，聰明的女人一定要懂得收斂鋒芒，不要讓婆婆覺得妳對老公不好，會擔憂、會叮嚀，這只會讓妳老公覺得有壓力，自己老婆沒做好還能說什麼呢？別忘了婆婆是先生永遠的媽媽，講的話，肯定對他是有彌足輕重的影響力的。

還有，切記不要跟老公吵說：「你為什麼站在你媽那邊不是我

夫妻是不分「你我」的

婚姻是兩個來自不同環境、不同性格的人的結合，一定會有意見不同的時候，小至床單的顏色、冷氣的牌子，大至生幾個小孩、孩子該念什麼學校……都可能有不同的想法和意見。可是說真的，即使我們心裡認定自己的想法才是對的、而對方的想法是錯的，但如果要次次跟對方爭出個結論來，那只會累得半死，所以很多時候，我們都會選擇最糟糕的一種做法，就是「假裝讓步」。

為什麼說是「假裝」呢？因為我們其實並沒有認真去理解對方的感受、理解對方堅持自己意見的原因，只是因為覺得吵架很煩、爭執很累，所以由著對方那樣去做。等到對方堅持己見的結果是壞的，我們就會說出一句最糟糕的話，那就是：「I told you（我老早就告訴你了）！」

很多婚姻專家都會告訴你，如果要維護感情，有很多話絕對不能說，比方說，絕對不要動不動就把分手、離婚掛在嘴上；

又比方說，吵架時絕對不要冷冷的告訴對方「你高興就好」，然後拒絕溝通。這些都很有道理，但我在十年的婚姻之路中發現，「I told you」這句話的殺傷力，一點也不亞於上面那兩種！

或許你會想，有這麼嚴重嗎？對方不聽你的勸、一意孤行，導至失敗的後果，你說一句「我老早就告訴你了」只不過是實話實說，又不是罵人，有什麼不對？可 I told you 就像是一種慢性毒藥，會慢慢在對方心裡發酵作用，將兩個人之間的信任感破壞殆盡。你想想看，你的另一半可能正因為失敗或不如預期的結果而懊惱，正需要你的支持，而你非但不安慰他，反而還落井下石的取笑他，對方的感受肯定很差吧？更嚴重一點說，你非但不雪中送炭，還雪上加霜，對方會不會記恨呢？

我知道要忍住不說出這一句話真的很難，就連我自己、或者我先生，偶爾也會忍不住講出來，可是我最感激我先生的一點是，當我在小事上堅持己見最後失敗，他或許會說「I told you」來

宣洩一下他的情緒，但如果是我在大事上堅持己見，最後結果卻不如預期，他絕對不會說「看吧，我早就告訴過妳了」，而是會說「沒關係，那『我們』再想辦法」。在那個時刻，雖然辦法還沒想出來、問題還沒解決，我卻都覺得好欣慰，好像心裡有一股暖流湧上，深深覺得自己嫁給這個男人真是嫁對了。

我想，「我們」這兩個字，就是一把通往幸福的鑰匙吧！每個人當初決定踏入婚姻，都是因為希望有個人能夠永遠支持你，那是一種「不論如何都會有人支持你」的安全感，讓你不再害怕孤單。而我先生或許不會說甜言蜜語，但他在言談之間，卻讓我深深感覺到他會永遠陪在我身邊，在我煩惱時，他總會說「我們再想辦法」，讓我覺得他不論如何都會站在我這邊。在提到我母親時，他也絕對不會用「妳媽」這個字眼，提到我的娘家時，也不會用「妳家」這兩個字……或許這些都是小細節，可是就是因為他做到了這一點，我們的十年婚姻中，從來都沒有為我娘家的事吵過架。

別小看這些用字遣詞造成的影響，最傻的就是有些女人明明把對方家人當成自己家人，付出關心、努力照顧，孝順公公婆婆，甚至因此有時不知道該怎麼健康的溝通而受了很多委屈。可是，就是因為受了委屈，心裡有氣，忍不住要在嘴巴上討還，硬要分個「你我」，動不動就說「你家的人都……」「你媽很難相處，我媽才不會這樣」。明明為對方做了很多，卻因為在溝通時不懂得用「我們」兩個字，而習慣分你我，用武裝的態度，掩蓋住了那真切為家庭付出的心。

我們選擇了婚姻，是因為希望有另一個人可以跟你攜手前進、手牽手一起面對困難，為什麼因為小小的想法不同，就要分成一邊一國，甚至等著看對方出糗、等著看對方的笑話？既然已經結婚了，那麼他的事就是你的事、你的事就是他的事，根本就沒辦法分你我。倒不如善用「我們」這兩個字，提醒對方、也時時刻刻提醒自己，夫妻本是一體的，不要因為一時的意氣，硬要分出個你我，也分化了兩人感情，那就太不值得了。

也許你會說，夫妻要不分你我，也要先生對這家庭的付出，不自私任性長不大啊！可是一個好爸爸，好老公的定義是什麼？在我的生活裡，我的「他」是一路來為家庭改變很多，為我們付出很多的男人。

我想，兩個人一開始決定要共組家庭時，也是期許有個人分享生活所有點滴，在人生另個階段一起成長，絕對沒有什麼自私的想法。我們都在摸索學習，可能有時會忽略了或沒想到，而非「自私」的只考慮到自己。

但何不放寬心，你覺得他「自私」的時候，謹記著，你們現在是「我們」了，讓他去理解你的感受，有什麼問題一起解決。到最後你會發現，後來那些幸福的點點滴滴，一段又一段關卡度過、往更深更遠的愛進階，不都是我們謹記著，我們是相愛的一家人，無論怎樣都不分「你我」得來的嗎？

CHAPTER 5

女兒們
教我的事

給先生
學習當爸爸的機會

還記得我懷第一胎時，H 是很高興的，這是一個我們期待已久的小生命，他的開心一點都不亞於我，那時，他每天都細心呵護著我，走到哪都帶著我，對於孩子生下來之後的事，他也有很多期望跟藍圖。那讓我深深相信，他肯定會是一個好爸爸。

可是孩子一生下來，他卻全變了！

噢不，仔細想想，應該是從我要生產那天，他就開始變得讓我很生氣！因為我是自然產，從陣痛進醫院到生下孩子足足拖了一天。可是我在等待室陣痛一整晚，他在旁邊搭了張小床呼呼大睡，我進產房時又怕又痛，好希望他能牽著我的手幫我打氣，他卻臉色發白到連醫生都叫他去旁邊坐好，「你昏倒我們沒空救你」。等我終於生下孩子住進月子中心，他就出國去出差了──當然，那是工作，他非去不可，我沒有抱怨，我生氣的是，在他出差的那些日子裡，我一個新手媽媽，又累又緊張，母奶又發得不順利，可是他回來的第一句話不是安慰

我，卻是：「我很累，肩頸痠痛，要去按摩！」

在那當下，我只覺得委屈、生氣、憤怒……種種負面情緒都淹了上來，心裡只覺得我這麼辛苦為你生孩子，這麼多天不見，你居然這樣對我！於是就吵了那頓之之前跟大家提過的，連護士都尷尬，讓我心想好險沒上報的世紀大架。

可是即使我發了這麼大的脾氣，結果呢？H 始終沒有如我希望的那樣和我共同負擔起帶孩子的責任。明明他非常愛我們的小孩，可是他就是沒辦法和小孩子獨處，每當我試圖離開一會兒，想讓他單獨帶孩子時，他的表現就像是我把他和恐龍放在一起，連十分鐘都待不住。

我想，這是一個十足的反面例證吧，事實證明，面對男人，用吵的、或罵的，非但不會有效，反而只會造成反效果。當時有產後憂鬱的我只顧著自己發脾氣，卻忘了靜下心來觀察，有時

候在外面總是要拿出高大形象、遮風擋雨、努力養家背負著傳統期望的男人，是沒有勇氣承認他們也有害怕的時候！面對那樣軟軟的、脆弱的、只會用哭聲來表達一切需要的小生命，他們有時會比我們想像的還要手足無措。他當然會很願意跟自己的妻子表達脆弱，畢竟我們是親密的家人，可當我們用尖銳咆哮來表達情緒時，他們的防禦機制也會啟動。在這樣張牙舞爪的狀態下，要他們如何坦率地承認「我很害怕」呢？

如果在這時，女人不理解男人的害怕、鼓勵他們去接觸孩子，而只是一味的指責他們沒有當爸爸的自覺——他已經對這件事沒有自信，妳還一直打擊他，往往他就開始逃避。

當然，我想女人都會覺得委屈，因為孩子是兩個人一起生的，絕不是妳一個人的責任，如果要妳體諒他，那誰來體諒妳呢？可是，這就是華人世界對女人的不公平吧，一旦男人在帶孩子這件事上受到了挫折，他們很容易就逃避到「帶孩子是女人的責任」的傳統觀念裡，然後，事情很快的變成一種惡性循環；

因為男方帶小孩的時間太少，小孩子當然都黏著媽媽，很快的，孩子就變成「非媽媽不可」，男人就更加受挫、更順理成章的認為「不是我不帶，是小孩子只要媽媽」。而等到那時，就算妳再怎麼想改變情況，還有什麼用呢？當孩子哭著說「我只要媽咪」，哪個做媽媽的，能狠心跟小孩說「媽咪累了，媽咪想休息一下？」

雖然當時的我幾乎可以算是一個全職的媽媽，可是帶孩子的累，是沒帶過的人沒法想像的！孩子隨時可能出問題，例如哭鬧、甚至生病，上班開會還可以改期，可是孩子的問題可沒法等妳準備好，只要一發生就得十萬火急的去處理。還記得那時我懷了第二胎，可是老大卻得了玫瑰疹，發高燒的她吵著要媽媽抱，於是我只能挺著一個圓滾滾的大肚子，抱著老大。當然保母可以幫手，可是那終究是很有限的，因為一個新手媽媽的手足無措、面對孩子生病的焦慮恐慌，需要的是丈夫的安慰。可是 H 那個時候真的卻什麼都不懂，雖然他是個很棒的爸爸，

但當時還是新手父母的我們，在這過渡期中，因為我不善於理性的溝通！讓彼此始終找不到良好、互相協助的方法。

那是我結婚以來，對先生最多不滿和抱怨的時期吧！他那個時候特別忙，他總是一出差就半個月、甚至一個月，可以說分身乏術，只剩下我帶著孩子，無論出什麼事，都得要我自己想辦法。當然我知道他必須得工作，我也沒有叫他不要去，可是有時候，我只是需要他的一點支持、一點安慰。可是每當我講起一個人帶孩子有多辛苦時，他卻總是一副「我就是得出差，沒辦法改，妳為何不能諒解」的態度，那真的讓我有一種非常委屈的感覺，一個新手媽媽，娘家又不在身邊，留我一個孤軍奮戰已經夠辛苦，總覺得兩個人當時在雞同鴨講，互不相讓的一段適應期。

但很幸運地是，天上掉下一個轉機來了。

2014 年，我答應陪同公司的左左右右去 LA《艾倫愛說笑 Ellen Show》當隨行翻譯的工作，要前往美國整整十一天。因為兩個女兒真的太黏我了，所以我在很早以前就開始跟她們說「媽媽要出國工作」，希望給她們提早做心理建設。可是我卻忽略了孩子無法承擔那麼大的焦慮，我每天提醒她媽媽要出國的結果，就是她吃不好也睡不好，抵抗力一差，立刻就得了重感冒。出國前一晚，大女兒發著高燒，我在醫院的急診室，帶著行李直接從醫院直奔機場，又心疼又不捨，好想拋下一切工作。可是機票已經訂了、行程已經排了，這是一個天塌下來也不能延誤的工作，我不得不離開、不得不放手，有再多不放心，也只能把孩子交給 H。

就這樣，我人在半個地球外，心每天懸著我的孩子。可是我怎麼也沒想到的是，當我拖著行李回到家的那一晚，先生帶著孩子在家門外等我，一見到我，他就迎了上來，說出了我等了三年、等到幾乎都放棄希望了的一句話，他說：「妳終於回來了！

我都不知道妳平常在家帶孩子這麼辛苦！」原來我前腳一走，大的就把感冒傳染給了小的，兩個孩子一起發燒、一起哭鬧、一起吵著要媽媽，吃藥要哭、塞退燒劑也要鬧，H 被她們鬧得毫無辦法，整整十一天都沒去上班，在家裡當全職奶爸！

經過了那一次單獨十一天帶孩子的經驗，現在 H 已經蛻變成一個我希望的好爸爸了。當然孩子大部分時候還是跟著我，可是，他已經能完全體會帶孩子的辛苦，常常在下班後主動接手，讓我這個媽媽也能稍微休息一下、喘口氣。我想，每個女人都希望丈夫能夠了解自己的辛苦，也不希望爸爸在孩子成長的過程中缺席，只是男人本身就是一個大孩子，妳希望大孩子去帶小孩子，就只能多鼓勵、少責罵。尤其是千萬要在先生對換尿布或餵奶這些事怯場時忍住「你連這個也不會」的抱怨，否則只會換來男人「女人本來就比較會帶」的逃避。

女兒教我的事

有句老話說：女兒是爸爸上輩子的情人，我覺得這話真是太有道理了，面對著女兒粉嫩嫩的小臉、撒嬌的拉著爸爸的手，一下要背、一下要抱，天底下恐怕沒有幾個爸爸不會融化在女兒嬌嫩的嗓音裡，更何況是我們家的獅子座老公！所以在我們家，向來都是他在扮白臉、我在扮黑臉，日子久了，兩個女兒常常就覺得媽媽好兇，尤其是大女兒因為年紀比較大，已經開始上學，更懂得和我討價還價。

比如上個禮拜，我因為她不乖乖的吃飯而板起臉，兇了她幾句，她大概是被兇了不服氣，居然跟我說：「媽媽妳兇我，我要告訴老師！」

當下心想：「現在的小朋友也太聰明了吧！居然搬老師出來當靠山！」說真的，小時候我們哪來這聰明腦袋想到這種事，被兇時哭都來不及，怎麼會想到要搬老師當救兵？當下我陷入複雜的情緒中，一邊是開心小孩如此聰明反應快，一邊是想著現在孩子怎麼這麼難教啊，人小鬼大，用高壓政策根本無用。既然

這樣，不如和她們好好講道理，以理服人，也算是做一種好榜樣給女兒看。於是我耐著性子回答：「妳可以跟老師說媽媽兇妳，因為 that's true，媽媽的確是罵妳了，可是妳要把話說清楚，不可以只講一半，妳要告訴老師，媽媽為什麼罵妳？」然後她回房間想了想，過一會兒出來跟我說：「我知道，媽媽罵我，是因為我不聽話。」

對我來說，這只是一個溝通的小插曲，事情過了，我也就沒放在心上。可是對孩子來說，她們心思單純、敏感，很多大人因為習以為常、所以不痛不癢的事，對孩子來說卻會放在心上很久。過了一個禮拜後，有天在飯桌上，大女兒又突然問我：「媽媽，我知道妳最近對我很兇，是因為我常常 get crazy，和妹妹又打又鬧，那媽媽，妳常常罵我，妳還會愛我嗎？」

「當然會！」我連忙放下手中所有的事情，跟她保證：「就算媽媽對妳生氣，就算妳跟媽媽吵架，但媽媽永遠都會愛妳！」

「那妳永遠不會離開我嗎？」她又問。

「當然，媽媽永遠會跟妳在一起！」我答得比什麼都肯定。

「即使我去到非洲，妳也會陪我嗎？」她繼續追問。

「當然，媽媽會永遠跟妳在一起。」我回答她，並且低下頭來緊緊的抱住她。

或許是小朋友們看了什麼浪漫童話的童言童語，但對我來說，這階段，在小孩們吸收速度最快的成長階段，每句話都十分重要，也因此，不管她們說什麼我都認真看待。類似這樣的問題，老實說層出不窮，一下子是姐姐咚咚咚跑來說「媽媽、媽媽，我要一個抱抱」，一下子是妹妹不甘寂寞的拉著我的衣角說「媽媽、媽媽，妳可以聽我說一個 secret 嗎？」（當然這「秘密」並不是什麼大事）。有時候她們挑中了我正累、正忙的時候，我也會覺得疲倦，可是我總是告訴自己，我是她們的媽媽，母親是全年無休的職業，既然我把她們生了下來，我就得滿足她們所有的需求，讓她們有個無憂無慮的童年。我希望她們在立基點就有完整的愛，即便以後會受傷，她們也要先去

天真勇敢的受傷，而不是從小就對很多事情感到不安跟懷疑。

我的意思不是說小孩子要什麼、大人都要全給，現代人的物質
生活老實說已經夠豐富了，更何況，吃的穿的玩的用的，可以
缺少，但感情上的需求，卻絕對不能忽略。很多人會說，孩子
那些話不用當真，妳不理她，她一下子就會跑去玩別的東西忘
記了。就像我們小時候，爸爸媽媽都為了工作忙碌，哪有空陪
孩子說這麼多話？那時候，大人認為「小孩子什麼都不懂」，
會覺得許多事用不著跟小孩子解釋，只用一句「小孩子就是要
聽大人的話」來管教小孩，覺得小孩子長大了自然就會懂。

沒錯，當我長大、也當了媽媽以後，對於以前我母親的那些
管束，我確實都懂了，我深深的體會了那些都是出自於關心、
出自於愛。可是我常常在想，很多人明明出身於環境不差的家
庭，為什麼那麼沒安全感？很多人的父母明明很關心他們、
在充滿愛的環境中長大，為什麼長大後他們卻對感情這麼沒

辦法？有太多太多老師、醫生、以及研究都發現，人們的心
靈無法成長、無法安穩，大部份都可以追溯到孩童時期的不快
樂；一個人快不快樂，不見得是因為物質上的缺乏，更是因為
心靈上的匱乏。

當年被大人用「小孩子什麼都不懂」給敷衍過去的我們，長
大後，心裡卻還住著一個內在小孩，在遇到挫折時、遇到感情
時，這個內在小孩就冒了出來。所以我們常常發現，很多人在
處理工作時獨當一面，好像天塌下來也有能力掌握，可是到了
感情裡，卻會鬼打牆的追問男友「你愛不愛我」「你剛剛跟
誰講電話」，一點點爭執就追問「你會不會離開我」，仔細一
想，這和我女兒在被我責備以後，就煩惱起我會不會永遠陪著
她，不是一樣的嗎？

在陪伴我兩個女兒長大的這些年，我常常在兩個女兒的身上，
依稀看到小時候的自己。大女兒像我一樣敏感、很容易想太

多，而小女兒雖然還小，也看得出許多地方有我的遺傳。在安撫女兒的同時，常常我也安撫了自己心裡的內在小孩。怪不得人家都說女人在當了媽媽以後，會變得更堅強也更柔軟，原來是因為我們藉著和小孩溝通的過程，也重新梳理自己的童年。我們努力變成一個更好的人，不僅僅是為了讓自己更快樂，也為了給女兒一個更好的榜樣。

孩子的幸福初級課

雖然已經是個大孩子了，但我常在想，Olivia 或許是當過那麼一陣子獨生女，總是特別的黏人，經常要人陪著才肯睡覺。有一次，她又在撒嬌的要求我說「媽咪，陪我睡覺」。看著她可愛的小臉，要拒絕她實在是一件很難的事，可是比起寵愛女兒，還有些事比這更重要，於是我就說了：「不行，媽媽今天跟爸爸約好了要去看電影。」

「為什麼？」果然，她的小臉都皺起來了。

「因為爸爸跟媽媽要有自己的約會時間呀。」我回答。

「我也要跟妳有自己的約會時間！」她立刻就這樣說。

「我們有呀！」我抱著她、安撫她，「媽媽不是常常陪著妳嗎？」

眼見我這邊沒得商量，小孩子聰明的很，眼珠轉來轉去，立刻跑去抱住她爸爸的腿，換了個人撒嬌：「那不然爸爸先去，留媽媽陪我睡覺嘛，等我睡著了，媽媽就會去找你，不然我一個人睡不著，please ～～」

她拖長了尾音撒嬌，這一招用來對付她爸，向來是攻無不克、

所向披靡的，可是一向擋不住女兒撒嬌的 H，在這件事情上，
卻和我站在同一陣線，他摸了摸女兒的頭，很溫柔但很堅定的
說：「不行呀，爸爸跟媽媽要一起行動。」

「為什麼～為什麼嘛～」女兒開始有一點鬧彆扭了。

「因為爸爸跟媽咪感情很好呀。」我說。

那麼，到底讓我們兩個人狠下心來拒絕女兒的電影到底是哪一
齣？哈，真糟糕，我現在還真是完全想不起來，因為那實在一
點都不重要──重要的，是夫妻兩個人不管結婚多少年，一定
要有自己的約會時間，還有，就是要以身作則的讓孩子知道，
什麼叫做「幸福的婚姻」。

以前的父母，不知道是不好意思、還是覺得沒有必要，是不
大會對孩子說「愛情觀」「婚姻觀」這些觀念的，像我的媽
媽，她對我從小就關懷備至，擔心我的身體、功課、任何一切
一切，可是，她卻獨獨沒有教育過我感情觀以及婚姻觀。等到

我從小孩變成大人，十八、九歲開始交男朋友時，她想教我這些，我卻覺得不想聽了！為什麼不想聽？原因也很簡單，當妳正沉醉在戀愛之中，滿腦子都是粉紅色的泡泡，妳媽媽卻在旁邊耳提面命的說「挑男人，就要挑負責任的……」妳不覺得她根本是在碎碎念嗎？

當然我們都知道媽媽的叨念是出自於關心，尤其當我們年紀漸長，慢慢更會發現媽媽口中那些不中聽的話，都是得自於她們人生經驗的寶貴道理。可是，人在脾氣來的時候，怎麼可能聽得下這些大道理呢？即使到了現在，我偶爾向我媽媽抱怨一些我先生的事，她勸我的時候我也常常覺得沒耐心聽下去，氣消了之後回想知道那是金玉良言，但在氣頭上的時候，只覺得她講來講去都是那些千篇一律的大道理。

我常常想，如果女兒能夠將感情上的困擾拿出來和媽媽討論，母女倆像姐妹淘似的有商有量，不是很好嗎？我自己有兩個

女兒，當然希望她們有一天長大後談戀愛，不管發生什麼事都可以告訴我，好讓我在她們迷惘時幫忙出意見、傷心時給予安慰。我跟我媽媽沒有辦法討論很多感情的事，是因為從小我們都不討論這些，已經變成了一種習慣。記得自己在交第一個男朋友時，我媽媽當時的方式就是跟到底，你說是不是很糗？可能是因為我沒主動討論男生，也沒主動討論我的感受什麼的，我媽也不擅長這個話題，畢竟我們那個時候還不習慣討論這些。我去看電影約會她也堅持買票坐在後面，去舞會她也要去，說她小的時候沒去過！厚！我那個時候真的沒辦法接受我媽這些行為，現在我知道她在關心保護我，但當時真的想遠離她！哈哈！所以當我知道自己懷的是女兒時，就下定了決心，一定要當一個可以和女兒討論戀愛的媽媽。

當然她們現在還小，對於戀愛這件事一知半解，更何況，有句話說「身教大於言教」，很多事，父母親即使苦口婆心、說到口乾，都比不上親自做個好榜樣給小孩子看來得好。很多研究

報導都發現，人們的戀愛觀、感情觀、甚至婚姻的模式和樣子，都會不自覺的受到父母輩的影響，所以夫妻不管有什麼爭執、什麼不合，都應該要避免在孩子面前爭吵，免得小孩耳濡目染、長大後會對於感情沒有信心。

而讓我很欣慰的是，對於教育這件事，H 或許在很多小事情上和我的想法不同，比如說我會嚴格執行孩子不該玩手機玩平板、也不該吃太多零食汽水這些生活細節，而他雖然也知道這些東西對孩子不健康，卻常常捱不住女兒撒嬌而放水。但對於「身教重於言教」這個觀念，他卻和我一模一樣，覺得父母親有義務要做個好榜樣給孩子看。所以在孩子面前，我們盡量對彼此不會對大小聲，而且 H 經常主動關懷我、會幫我提東西等等，目的就是要讓女兒從小耳濡目染，知道一個真正愛她們的男人，就是應該要關心她們、對她們好。

前幾天，大女兒蹦蹦跳跳跑過來跟我說要跟我說一個秘密，

我問她是什麼秘密，她說：「我發覺爸爸好愛妳喔」。我笑著問她怎麼知道，她回答我：「他什麼都聽妳的話，而且，都不會兇妳！都是妳在罵他！」有嗎？我罵人？我想我女兒聽錯了！哈哈！Anyway，然後她又接著說：「以後，我也要嫁給一個像爸爸對妳這麼好的先生。」

那刻我真的覺得很幸福，女兒瞭解了我想傳遞給她的愛跟幸福的樣子，原生家庭真的是影響未來戀愛生活很重要的環節。我身邊有些女性朋友，因為從小父母離異或者不知道怎麼表達感情，在成長的過程裡，跌撞學習了好久，甚至懷疑、不了解什麼是愛，覺得無法從任何人身上學習理解。我期許自己，永遠能夠當兩個小寶貝的愛的榜樣，讓她們相信愛、勇敢愛。

Wu family 的 alone time

「相愛容易相處難」，雖然是句老掉牙的話，但我相信每一個女人只要結婚後，都會想吶喊：That's true！因為我們挑挑選選，終於找到一個我們認為的真命天子，正是因為覺得跟這個人在一起很快樂、也相信嫁給這個人會幸福，才會走入婚姻。可是等到兩人成為夫妻、住同一間房子、睡同一張床，每天睜開眼睛就要看到對方時才發現，以前戀愛總想每天膩在一起、卻沒想過在一起的時間越多、摩擦的機會就越大，到底夫妻相處的絕竅是什麼？

關於這個問題，結婚十年的我，也算是有了一點小小的心得。我覺得夫妻相處如果要好，最重要的就是，兩個人都要懂得獨處。或許你會問，獨處跟相處有什麼關係？但是，相處的「相」就是互相的「相」啊，所謂互相，就是兩個人要有平衡，如果你不會獨處，做什麼都想要對方陪、也不管對方有沒有興趣、有沒有空的話，兩個人的相處恐怕就會開始出現問題了。

但當然，獨處不等於孤獨，並不是說你自己一個人關起門來、跟誰都不交流，而是說你要有自己的空間。像我先生最喜歡的活動就是打網球，那畢竟是個健康的運動，我也很鼓勵他去進行，前些年剛好有個朋友的先生也很愛打網球，我就介紹了他們認識。

說真的，當初我只是很單純的覺得既然這兩個人都喜歡打球，應該挺聊得來，但萬萬沒想到，他們簡直是一拍即合、一個介紹一個，最後居然有了個「網球俱樂部」，認真的程度，幾乎讓我們這些太太們傻眼！有個太太說先生現在每晚上網都在看網球用品、有個太太說先生半夜調鬧鐘起來看網球賽轉播，還有一次打球時間到了，但某位先生的女兒還掛在他手臂上，而那位先生就像是把黏在自己身上的小猴子給拔下來似的，往太太懷裡一塞，然後立刻拔腿就跑、免得女兒再度扒上來……不說別的，就說他們固定每個週末一點到三點的打球時間吧！台灣夏天的中午有多熱啊，光是站著不動就全身是汗了，更何況

還要在球場上奔跑揮拍，可是這些個男人們卻個個精神抖擻，風雨無阻的去打球！

雖然說我們這些太太們對先生們簡直是走火入魔的行徑，私底下講起來都覺得這些人是重返青春期嗎？也太可愛了！但其實我們都是很贊同先生去打球的，因為那就像是一個喘息的機會。在那打球的兩個小時裡，太太不會來囉嗦、小孩不會來吵鬧，或許身體正在大量運動，但心靈跟腦子，卻獲得了完全的休息，包含我在內，太太們大部份都覺得先生打完球後、回家洗個澡休息一下，都會突然變得對家裡的事特別有耐心，就像是充完電之後的精神飽滿。

而如果說，打球是先生們的充電方式的話，那麼，屬於女人的充電方式呢？也許是自己看一本書，或是和姐妹淘去喝杯下午茶，當然也可以去看看演唱會（像我前陣子去看的 Maroon5 和歐陽娜娜的小提琴表演，娜娜真的太可愛了啊，簡直是每個

媽媽們心中的女兒榜樣），但其實我最常做的，是直接告訴兩個女兒「媽媽需要五分鐘獨處」！

有小孩的媽媽們肯定都知道，當家裡有小孩，他們肯定是五分鐘叫一次媽媽的，不一定是有什麼事，也許就是叫妳看他折的紙、或者看他的玩具，那都不是什麼大事，可是卻需要大量的耐心。我得承認，有時候大女兒叫完、小女兒叫，我真的是覺得自己都快要 get crazy 了！每當那些時候，我都會告訴女兒們媽媽 need alone time，然後就走進房間裡，把門關起來。Maybe只是十分鐘、甚至更短的五分鐘，我一個人待在房間裡，什麼事也沒做，只是放空，享受沒有人會來叫我的時間（好吧，其實兩個女兒根本等不了那麼久，大概三分鐘後就會輪流在門口小聲的說：「媽咪～五分鐘到了嗎？」）而說也奇怪，只需要這麼一點點短短的時間，我就能打起精神來，心平氣和的走出房間門。

然後意外的是我發現，大女兒似乎是有樣學樣，每次在她生氣時、或跟妹妹吵架時，就會突然說：「媽咪，我需要 alone time」，然後就自己走進房間，把門關起來。

因為我生的是兩個女兒，女孩子如果不懂得獨處，長大以後談戀愛肯定是要吃苦。所以，雖然我有時候也會偷偷懷疑，女兒根本只是在模仿我，但我還是很樂於給她這樣的榜樣。說也奇怪，也許本來正在生氣或難過的她，再從房間裡走出來時，都會變得更冷靜，因為即便孩子還小，有些觀念她們還不懂，但獨處就是一種把自己抽離的動作，即使是孩子，也可以感受到獨處帶來的沉澱心情、整理思緒的作用。

我想，這其實是一種培養獨立人格的觀念，有些女孩子在男友、甚至是姐妹淘不陪她時，就會覺得孤單、甚至害怕是不是別人討厭她，都是因為從小沒有養成獨處的習慣。我們當然希望能跟相愛的人在一起，但我們有不同的嗜好、不同的事情，

就像先生喜歡打球、我偶爾喜歡跟姐妹們出去小喝兩杯，這是我們各自卻不干涉的興趣，相愛不表示我們要二十四小時膩在一起。同樣的道理，我也希望女兒能夠明白，媽媽愛她們，也相信她們愛媽媽，但我們不必整天在一起。所以，我也很鼓勵她們可以跟跟爸爸有她們的 alone time，媽媽不去參加；也鼓勵她們兩姐妹有自己的 alone time，爸爸媽媽也不去打擾；還有，有時候我也會直接告訴他們，爸爸媽媽要單獨去約會。但當然，最最重要的，還是希望她們能夠學會自得其樂，一個人的時刻能很自在。

因為獨處，其實就是和自己相處，如果一個人連和自己相處都沒辦法的話，又怎麼能學會和別人相處呢？

當然，我們也有黏在一起的時候。例如，H 回到家給我個大擁抱時，Olivia 就帶著妹妹跑過來抱著我們的大腿說：「媽咪，現在可以 group hug（家庭擁抱）嗎？」於是我們四個人都緊緊

我那懂愛的妹妹

如果有人問我這此時此刻最大的成就是什麼，我想，我一定能毫不猶豫的回答：是我的兩個女兒。看著她們一天一天成長，從只會哭吃睡拉的嬰兒、慢慢學會咿咿呀呀的說話，到現在大女兒已經口齒伶俐，而小女兒也越來越懂事，兩姐妹已經算能表達和溝通自己的想法了！有時候看著她們兩個人在玩，一下子感情很好，一下子又吵架互相打架鬧到兩個都淚眼汪汪，我不禁也會想起我和我妹妹小時候的事。說真的，姐妹倆雖然難免會吵架，但是有商有量的時候還是很多，尤其是在談戀愛的時候，很多不敢跟媽媽說的事，姐妹都是妳最好的應援團和聽眾！

就好像年輕時候的我，比現在氣燄高、也沒有現在圓滑，有些男孩子追求、也談了一些戀愛，那「gone girl」的性格總是把場面搞得很荒唐！最記得有一次，我不知道和當時的男友發生什麼爭執，壓根耐不住性子的我，就和他在餐廳吵了起來，越吵越氣，覺得委屈極了的我，站起來甩頭就走！可是搞笑的是，

「甩頭就走絕不回頭」的帥氣，是需要天時地利人和的，而老天爺偏偏不肯配合我，我一走出餐廳，才發現本來晴空萬里的天氣，下起了大雨！那時候我在美國，而美國並不像台灣到處招得到計程車，連傘都沒有的我，能怎麼辦？的確，那時有想過乾脆就回餐廳好了，可是年輕時候的我又特別愛面子，寧可濕透，也不要回去丟臉！

現在回想起來，只能說當時的我真的是個性太硬了！硬是要冒著雨在路上走，不管男友開著車在我旁邊怎麼道歉，就是不肯上車。可是很快的，穿著高跟鞋的我就覺得腳痛得不得了，可是已經堅持這麼久了，這時候承認自己腳痛坐上他的車，不就輸了嗎？

最後事情到底是怎麼結束的，現在我已經想不起來了，不過我真正要說的是，我雖然因為要求太高而常跟男朋友吵架，但起碼還「從一而終」，從一開始到最後都很固執（苦笑）。但我

那天蠍座的妹妹之敢愛敢恨、愛恨分明，可就比我難捉摸多了！每一次她戀愛，程度之投入，常常讓我覺得她應該是找到真命天子、現在這個男朋友即將要成為我的妹夫了吧？可是轉眼之間，她那看似天衣無縫的戀情，除了她之外誰也不知道問題出在哪，總之就是完了，她分手比切肉還要快狠準，說斷就斷、說不連絡就不連絡，三不五時就有男生因為被她甩了而在我家門口罰站枯等、想要堵人。

這一切的一切看在我這個做姐姐的眼裡，感覺真是複雜呀！一方面，我當然以這個敢愛敢恨的妹妹為榮，但另一方面，也替那些被她狠狠甩掉的男人掬一把同情之淚。還有還有，每當有男生說我難伺候的時候，我都會心想：「拜託，那是因為你不認識我妹！起碼我還會讓男人在雨中追我，要是我妹妹，連追的機會都不會給你！」

每次我們姐妹聊天時開起玩笑，我都會笑著說她肯定嫁不出去，

因為沒有人敢娶她。可是我萬萬想不到的是，結婚後的她，居然像是變了一個人，本來超難伺候的妹妹，居然會心甘情願的，伺候起她的老公！

我記得有一次，我陪我懷孕的妹妹開車到超市去買東西，大家知道在美國不像台灣這樣到處都有便利商店，所以每一次上超市採買都像是搬家似的大包小包。那時我妹妹肚子已經很大，看起來隨時都有「卸貨」的可能。可是當我們買完東西回到家裡，辛辛苦苦把東西從後車廂提進家裡，我才發現妹夫就那樣大剌剌的癱在沙發上看電視，連一句「要不要幫忙提」都沒有問！

老實說，在那個當下我真的覺得奇怪？即使我妹妹沒有懷孕，採買回來的東西那麼重，妹夫既然在家裡，動手一起搬本來就是應該的，更何況我妹妹還挺著個大肚子。我還真的覺得不可思議，妹夫看著自己身懷六甲的老婆辛辛苦苦在搬東西，

怎麼還能安安穩穩的看他的電視？我把東西一放，越想越不對，但一向了解我的妹妹，卻早一步拉住了我，怕我去跟他老公說些什麼，還對我搖了搖頭。

事後，我私底下跟妹妹說：「妳怎麼不叫他來幫忙？妳懷孕耶！」
誰知以前一向對於什麼是對什麼是錯的很分明的妹妹，卻心平氣和、笑笑的回我：「It's OK! 夫妻之間，何必計較這種小事？」

讓懷孕的老婆自己搬重物，到底是大事還是小事？情緒上，我個人認為男人這樣真的太不體貼了，可是理智上我卻不得不承認，為了搬東西這種事吵架，的確是有點小題大作，更何況，我妹夫又不是什麼壞人。其實我比較驚訝的是我妹妹的態度，她不是委曲求全的忍耐她先生不起身幫忙，她是不但沒有責備他，反而心平氣和的接受！優點缺點每一個人都有，但往往在婚後我們都會想要改變或調教對方，我妹妹一笑置之就講到

重點：「我又不是現在才認識他！交往的時候我就發現他一看電視其他的都聽不到，看不到！他就是很懶！我還要叫他，等他起身我都已經東西全搬上樓了，算了！」

話說得一點也沒錯！當年那個任性的妹妹，不知何時長大了，而且，還變得我難以想像的成熟。

我的意思不是說老公不體貼、不幫忙，妳只要會忍就叫作成熟，相反的，我之所以說我妹妹成熟，是因為我發現她已經完完全全接受妹夫就是這個樣子個性的人，而並不是在「忍」。平心而論，我妹夫雖然有缺點，但當然有更多更多優點，就是瑕不掩瑜，我妹妹才會決定嫁給他、和他共渡一生，而對於妹夫的家人，我妹妹更將之視為自己的家人。她既然決定要接受並且嫁給這個男人，那麼在婚後，她就心甘情願的接受了這一切，一點抱怨也沒有。

有句話說「擇你所愛，愛你所擇」，我想，我妹妹就是徹底的貫徹了這句話吧！在婚前，我們挑挑選選，談過幾次戀愛、交往過一些男生，就是為了挑一個我們認為的「對的人」。可是，不管妳再怎麼挑，世界上都沒有完美無缺的人，妳挑中的那個人再怎麼好、再怎麼對，一定也還是有他的缺點。所以，「愛你所擇」就是一種幸福的大智慧，畢竟選擇是妳自己做的，心甘情願的接受妳自己的選擇，就是一種對自己的人生負責任的態度。

用孩子的角度
看世界

每天睡前，我都會帶著兩個小妞一起禱告，我想，對女兒來說，這是她和主溝通的時間，但對我這個媽媽來說，這不僅僅是跟主溝通，同時也是我們母女培養感情的方式之一。看著她們小小的雙手交握、童稚的臉上有著認真的表情，即使有時候調皮搗蛋起來真的讓我恨不得把她們塞回肚子裡，但在這個時刻，我真的很感謝上帝讓我擁有了她們姐妹倆。

而就在前幾天，晚上禱告時，Olivia突然問我：「媽媽，天父是住在天上，對吧？」

「對呀。」我回答。

「那太婆也住在天上。」她說，一臉認真：「媽媽，天父會照顧太婆的，對不對？」

雖然是天真的童言童語，但是在那一刻，我突然有一點鼻酸的感覺，Olivia口中的太婆，也就是我的外婆，她在前一陣子生病過世了。可是，對一個才念幼稚園的小孩子，要怎麼解釋什麼是死亡、什麼是疾病呢？於是，我只能籠統的告訴她「天父

把太婆接走了」，沒想到她卻記到了現在，而且還關心著太婆！

在養育兩個女兒的過程中，我經常有一種感覺，那就是孩子是最乾淨而單純的靈魂，是能夠療癒我們最複雜的心情的！就像我大女兒 Olivia 的個性，其實很敏感、又纖細，因為她還是個孩子，一點都不懂得掩飾自己，所以總是把她的感受表現在臉上。還記得那時，我外婆生病住院，心情真的很沉重，因為從小我跟外婆很親、感情最好。尤其我搬來台灣以後，外婆是我就近唯一的家人，婚後也是我就近的娘家，我人生所有的過程我外婆都有參與到。

那段日子我常常心掛著我外婆，雖然覺得很傷心、很捨不得，但生老病死是人生必經的過程，而我是個大人了，即使心裡難過，除了假裝堅強，還能怎麼樣？有一天我記得接到我媽媽從美國打來的電話說外婆狀況越來越不穩定，掛了電話，強忍著

眼淚，我只能繃著一張臉，假裝沒事，照樣還是要帶孩子過 family day。坐上車不久後，沒想到 Olivia 在後座卻握住了妹妹的手，擺成了禱告的姿勢，妹妹年紀還小，一臉不解的看著姐姐，而 Olivia 則說：「太婆生病了，身體不舒服，我們一起來幫她禱告。」在那一瞬間，我跟我先生在前座互相眼神交會，感動的想說小孩真的是懂事的，我心裡難過她都能感受到，當下我再也忍不住了，開始默默地掉眼淚。

我覺得人漸漸長大，好像在失去童年的同時，也慢慢的把表達愛的能力、正面的能力都給丟失了。我們很少主動用言語關心別人、誇獎別人，脫口說出來的話，總是抱怨、總是挑剔，我們看事情總是先看壞的那一面，老是忽略生命中的美好。

是的，生命的確是不完美，世界上也有很多令人生氣的糟糕事情，雖然好事不見得天天都發生，但我們時常要提醒自己，人生中會遇到很多挑戰、挫折、不順心等等，可這都只是過程。

沒有這些經歷我們怎麼會變得更成熟，更堅強呢？當了媽媽以後，我更可以體會有的時候孩子是我們最好的老師，透過他們的眼睛我們真的可以更認識自己，也可以好好反省自己！哈哈！

就像前幾天，Oliva 跟我說：「媽媽，妳每次生氣時都會做出一個表情，我看了覺得好害怕，妳可以不要那麼兇嗎？」她一邊說，一邊模仿我做出那個表情，而如果要用文字來形容的話，就是「咬牙切齒」四個字。老實說，我在生氣時又不會跑去照鏡子，當然不知道自己會做出那樣的表情。然後，H 在一旁一直偷笑，還加油添醋的說：「妳看，連女兒都說妳很兇。」當他笑到我簡直有點惱羞成怒了，正要開口辯駁時，女兒說：「媽媽，我知道我常常不乖惹妳生氣，可是妳可以不要有那個 monster 的表情？因為我真的很愛妳。」

她一邊說一邊抱住我，而就在那一刻，我感受到只有孩子能給

我們的無條件的愛,也領悟我女兒又再一次提醒我要多一點耐心,不耐煩要少一點。聽起來很傻,可是有的時候小孩的童言童語真的會點醒我們。

孩子們總是天真無邪的看著這個世界,有時路邊看見一朵花,女兒就會興奮的說:「媽咪,妳看,這裡有花～好漂亮」,吃到好吃的東西,女兒也會很高興的分享「媽咪～這個好好吃～I'm so happy!」,而這些身旁的小確幸,若不是女兒這麼直接的將這些說出口,我恐怕也只會覺得花就是花、食物就是食物,沒什麼了不起。在陪孩子長大的過程中,我用孩子的角度去看世界,又重新發現愛的善良和美好,孩子們懂得的,是大人已經忽略和忘掉的事,真應該感謝這些善良美好的孩子,給我們重新再次了解愛的機會。

後記

我們結婚十年了，真的一轉眼，我和 H 已是為人父母的人了，想當初我們倆為了愛就這樣手牽手步入人生的另一個階段是需要多麼大的勇氣和信任啊？婚姻不簡單，真的要好好經營。講起來不算長但也不短，我們可以說是從初級班升到中級班了吧！

「閉嘴、放空、微笑」就六個字，但很好用，我們在日常生活裡如果做得到就真的天下太平了！記得當初我跟 H 說我寫這一本關於這三要訣的書，他很幽默的回，「我已經學會閉嘴和放空，就差微笑了吧！」哈哈，真的很好笑！

這十年真的教了我好多，也讓我成熟了不少，其實人生就是一段成長路程對吧！女人最大的財富就是懂得看見和珍惜屬於自己的幸福，同時要懂得接受和了解自己和自己選擇的「他」。在我的生活裡，我的「他」是一路來為家庭改變很多，為我們付出很多的男人。想當初，兩個自我意識很強的人經歷磨合，

溝通和努力才懂得如何珍惜婚姻中的柴米油鹽。很感動我的他現在週末會犧牲自己的睡眠主動教女兒功課，會主動跟我分攤帶兩個小妞的責任。有的時候夫妻之間就是要會看見這些小細節，然後你就會體會原來簡單真的就是最幸福的……

祝福你們也同樣可以找到屬於自己的幸福人生～

Melody

Melody 的幸福 3 元素：閉嘴、放空、微笑

作　　者　Melody 殷悅
藝人經紀　新視麗娛樂創作有限公司
裝幀設計　黃思維
攝　　影　陳忠正攝影工作室
化　　妝　Emily Liu
髮　　型　FLUX_collection HAIR, John
造　　型　林玉珩造型工作室
服裝提供　LANVIN
特約編輯　楊逸芳
行銷業務　王綬晨、陳雅雯、邱紹溢、張瓊瑜、蔡瑋玲、余一霞、郭其彬
主　　編　王辰元
企畫主編　賀郁文
總 編 輯　趙啟麟
發 行 人　蘇拾平

出　　版　啟動文化
　　　　　台北市 105 松山區復興北路 333 號 11 樓之 4
　　　　　電話：(02) 2718-2001　傳真：(02) 2718-1258
　　　　　讀者服務信箱 Email:onbooks@andbooks.com.tw

發　　行　大雁文化事業股份有限公司
　　　　　台北市 105 松山區復興北路 333 號 11 樓之 4
　　　　　24 小時傳真服務 (02) 2718-1258
　　　　　讀者服務信箱 Email:andbooks@andbooks.com.tw
　　　　　劃撥帳號：19983379
　　　　　戶名：大雁文化事業股份有限公司

初版 1 刷　2015 年 10 月
初版16刷　2023 年 5 月
定　　價　280 元
I S B N　978-986-91660-9-6

國家圖書館出版品預行編目資料

Melody的幸福3元素：閉嘴、放空、微笑 / Melody殷悅作.
　-- 初版. -- 臺北市：
　啟動文化出版：大雁文化發行, 2015.10
　面；　公分

　ISBN 978-986-91660-9-6(平裝)
　1. 婚姻　2. 兩性關係

544.3　　　　　　　　　　　　　　　104018983